辽宁省社科基金"共享经济模式下智慧型城市社区养老协同治理研究——以辽宁省为例"（项目编号：L20BGL045）

吴雅琴　著

共享养老大数据
审计协作治理机制研究

GONGXIANG YANGLAO DASHUJU
SHENJI XIEZUO ZHILI JIZHI YANJIU

中国财经出版传媒集团

经济科学出版社
Economic Science Press

·北京·

图书在版编目（CIP）数据

共享养老大数据审计协作治理机制研究／吴雅琴著
. -- 北京：经济科学出版社，2024.1
ISBN 978 - 7 - 5218 - 5520 - 3

Ⅰ.①共⋯ Ⅱ.①吴⋯ Ⅲ.①养老 - 社会保障制度 -
数据处理 - 中国 Ⅳ.①D669.6

中国国家版本馆 CIP 数据核字（2024）第 013052 号

责任编辑：杜 鹏 武献杰 常家凤
责任校对：刘 昕
责任印制：邱 天

共享养老大数据审计协作治理机制研究
吴雅琴◎著
经济科学出版社出版、发行 新华书店经销
社址：北京市海淀区阜成路甲 28 号 邮编：100142
编辑部电话：010 - 88191441 发行部电话：010 - 88191522
网址：www. esp. com. cn
电子邮箱：esp_bj@ 163. com
天猫网店：经济科学出版社旗舰店
网址：http：//jjkxcbs. tmall. com
固安华明印业有限公司印装
710 × 1000 16 开 13.5 印张 220000 字
2024 年 1 月第 1 版 2024 年 1 月第 1 次印刷
ISBN 978 - 7 - 5218 - 5520 - 3 定价：99.00 元
（图书出现印装问题，本社负责调换。电话：010 - 88191545）
（版权所有 侵权必究 打击盗版 举报热线：010 - 88191661
QQ：2242791300 营销中心电话：010 - 88191537
电子邮箱：dbts@ esp. com. cn）

前　　言

　　党的二十大科学谋划了未来一个时期党和国家事业发展的目标任务和大政方针，围绕加快构建新发展格局、着力推动高质量发展作出重大部署，为推动我国经济不断迈上新台阶、开创事业发展新局面指明了方向。

　　在数字化转型的大趋势下，数据已经成为重要的生产要素，未来如何提升竞争力，很大程度上取决于对数字资源的整合力度，包括如何挖掘、应用、交易等，这也为大数据和共享养老的结合提供了广阔的发展空间。从国外来看，2020年2月欧盟发布了《欧盟数据战略》，提出建立欧盟单一数据空间，构建欧盟内统一的数据治理框架，更好地发挥数据的重要作用。从国内来看，我国数据开放整体制度尚不成熟，中央层面统筹力度不足。据《南方日报》2022年10月13日报道，据不完全统计，目前我国有25个省级数据管理机构、31个省会城市、副省级城市设有市级数据管理机构。此前有关大数据的职责分布在国务院办公厅、国家发展改革委、中央网信办等部门，导致各个领域的海量数据难以共享，跨部门、跨系统、跨区域统筹协调难度较大，难以形成整体合力，这些数据壁垒在一定程度上阻碍了数字化转型的进程。因此，组建国家数据局是根据数字经济、数字政府的发展趋势采取的重大举措。2023年3月10日，十四届全国人大一次会议表决通过的关于国务院机构改革方案决定中提出在国家发展和改革委员会下面新组建国家数据局，这意味着数字中国建设和数据资源体系在国家发展战略中的重要地位，数字中国建设将得到更多的制度保障，更加规范有序，从而进一步拉动数字经济高速发展，推进数实融合。新的政府机构——"国家数据局"成立，意味着在国家层面掀开了产业数字化和数字产业化的新篇章。

第七次全国人口普查数据显示，我国60岁及以上人口已达2.64亿，预计到"十四五"时期将突破3亿。按照联合国的人口统计数据，预计我国将在2024～2026年进入深度老龄化社会。"老有所养"是许多家庭关切的"家事"，也是习近平主席挂念的"国之大事"。近几年政府加强与企业和社会的协作，为社区提供居家养老服务，解决老年人健康医疗、生活照料方面出现的问题。研究共享经济和养老结合的共享养老已经近十年时间，笔者的理论研究和养老实践虽有亮点，但没有经济领域专家的光鲜履历；虽有微观的会计和宏观的世界经济专业的本科和研究生学业的系统理论学习，却不是研究协作治理机制的科班出身；笔者擅长老人低成本消费、高质量生活的共享养老研究并身体力行，但笔者既不是养老领域专家，也不是营养学专业人士。笔者30余年教龄，讲过58门课，宽泛的知识覆盖面很好地奠定了笔者从事协作治理机制研究所需的理论基础，微观的会计低成本在宏观养老经济的范畴里的应用为养老低成本消费提供了可操作性的实践路径；在中小城市照顾生病老人的亲身经历，对与养老有关的各主体的协作效率有更深的了解和应对方式；而学术中对焦点问题的多年关注与研究，让笔者从2005年破格晋升正教授后，就将科研热情和精力都投向了养老领域，截至2017年就发表了数十篇养老专业论文、开办了养老网站和与老人食品有关的食品公司，在理论与实践结合的养老事业中走出了自己的特色之路。

共享养老的实质是通过共享养老平台的个性化购买集聚的规模批发的价格，达到较低的生活成本和相对较高的生活质量。这种成本和生活质量的距离，既是高低之间的绝对距离，同时也是定位和收入的相对落差。养老服务的总量和有效供给不足，既意味着养老居民买不起也不愿购买养老企业按企业利益最大化定价的养老服务产品，养老服务产品准公共物品的性质也导致了养老企业按照微利持久运营模式才能摆脱养老企业绝大多数亏损的窘境。共享养老是养老和共享经济商业模式的融合，共享养老平台是连接政府、养老企业、社区、时间银行和养老居民的技术平台和共享养老的载体，大数据支撑着共享养老平台的运营。

本书共分大数据审计协作机制、养老大数据协作机制、共享养老大数据审计协作机制的上、中、下 3 篇，共 14 个专题。

本书特色如下。

1. 研究视角的创新。本书主线是"大数据—养老大数据—养老大数据审计—共享养老大数据审计"，形成了共享养老大数据审计的脉络框架，国内鲜有关于该研究的文献，同时共享养老又是解决养老问题的有效路径，是研究视角的创新。

2. 建立了共享养老的协作机制框架。共享经济的出现为养老带来了低生活成本、高生活质量的商业模式，涉及国家、智慧型城市、社区、共享养老平台、养老企业五方协作机制框架，为修复闭环断点和解决焦点问题提供了改革的思路。

3. 提出了养老大数据审计协作框架。大数据审计的研究已有成果，但从其中内容研究来看并不系统，养老嵌接进去缺少已有的经验，需要对笔者多年的养老研究成果进行凝练与拓展式思考及实践。

4. 设计出共享养老大数据审计协作治理机制框架。共享养老大数据审计协作框架包括建立运行机制、动力机制和约束机制。

本书作者多年来对政府专家、学界精英、业界贤达进行了多次访谈，出席诸多与养老相关的前沿理论、实务的会议学习与研讨，对赡养父母的养老实践中遇到问题在不断解决中积累了许多经验，对养老网站的开发与多年运营，在会计、审计相关的 30 余年课程讲授和中小企业投融资、无形资产、共享养老的学术领域多年深耕研究的基础上撰写了这本专著。当然，其中不够专业的地方在所难免，欢迎各界同仁批评指正，共同成长！

吴雅琴

2023 年 12 月

目　　录

大数据审计协作机制

随着科学信息技术的不断发展，各行各业都进入了"大数据时代"。以大数据和云计算为代表的新技术已经实实在在地影响到了企业的商业模式和人们的生活方式。大数据为审计工作带来了巨大的影响，在一定程度上改变了审计工作的方法，在审计工作的发展中发挥着重要的促进作用。大数据审计表现出的数据分析快捷、审查账簿速度快、数据不易出错、结果更加客观公正等优点，在一定程度上弥补了传统审计的不足。目前，被审计单位信息化程度高，信息系统复杂，需要采集的数据类型多，不仅包括数据库中的结构化电子数据，还包括非结构化数据（会议记录、会议决议、办公会通知、办公文件以及一些政策、内部控制手册、各个系统使用手册等）。综上所述，审计工作与大数据之间已经密不可分，大数据审计的协作机制研究显得越来越必要。

大数据审计是随着大数据时代的到来以及大数据技术的发展而产生的一种新的计算机审计方式，其包括大数据环境下的电子数据审计（如何利用大数据技术审计电子数据、如何审计大数据环境下的电子数据）和对大数据环境下的计算机信息系统进行审计两方面的内容。大数据审计不仅使用功能更强大的软件工具去统计分析范围更大的抽样范围，而且从理念上看，审计大数据可以通过"数据驱动"来参与自下而上的经济决策。

在大数据审计协作机制中，有数据不全和原始数据可以人为篡改的痛点。审计质量和效率直接受制于原始数据的准确性。若被审计单位的财务信息反映不实、不全，提供了加工处理过的数据，那我们就不能就账论账，因此账簿也只能看大概、只能参考；大数据中导入资料有限，原始凭证中原始票据必须通过传统的手工查账进行审查，通过细节分析问题；审计内容、范围的扩大，要求审计人员必须实地查看、调查、走访等，这限制了大数据审计的范围。所以从大数据审计使用中的数据安全性来看，大数据审计协作机制中应含有传统审计的现场审计功能。

在大数据审计协作机制中，有大数据审计专业人员稀少的断点。大数据审计专业人员缺少，业务能力不高，在编写 ASL 审计脚本语言、SQL 语句及大数据技术方面面临着很大的困难，很大程度上影响了大数据审计所要的效果。传统审计与大数据审计相结合，发挥两者之优点，既能全面地、仔细地发现问题，又能提高审计效率，真正做到取传统审计之优，补大数据审计之缺，最终圆满地完成审计项目。

专题一

大数据审计概述

随着新一代信息通信技术的快速发展，网络化、数字化、智能化的日益深入，爆炸式增长的数据量、不断扩大的数据规模，标志着我国已步入大数据时代，并从信息化向数字化转型。在社会演进过程中扮演着重要角色的国家公共管理部门的政府也向数字政府迈进，适应数字时代的大数据变化也是大势所趋。审计机关设在政府，是国家行政机构的组成部分，作为国务院的组成部门的审计署也是国家最高审计机关。大数据技术对传统的审计模式、审计方法以及审计制度等造成不同程度的影响，也给审计工作带来了一定的挑战，并带来了大数据驱动下的审计新机制、新平台、新渠道的构建。

一、大数据审计研究必要性

（一）研究背景

1. 多业融合对传统审计的巨大挑战。随着近些年互联网、大数据、人工智能和银行业务的深度融合，业务品种日益增多，金融产品不断创新，审计面对的各种业务风险也变得更加隐蔽和复杂，审计的时效性、全面性面临着巨大挑战，由此迫使审计由传统现场审计为主的作业模式向远程审计、非现场审计方式转变。传统审计由于人工审计的效率低下，在有限的时间内仅能进行抽样审计，这给审计工作带来了很大风险。这种风险可通过大数据技术、人工智能技术把不同渠道的海量数据加以归集、整合、数据分析，建立统一有序的划分标准，将不同结构、不同来源、不同类别的数据进行合理划分，形成总数据库，从而帮助审计部门摆脱抽样审计样本有限的钳制，并将重复性的数据分析交由人工智能的计算机负责处理，深度挖掘隐藏的数据价值，从而使审计人员有更多的时间研究审计思路、审计方法，重新恢复详细审计将是大势所趋。

2. 政策导向对审计工作的支撑力度大。2020年9月，国务院国资委发布《关于深化中央企业内部审计监督工作的实施意见》，进一步提出了内部审计应当"无死角、全覆盖"，要积极运用大数据、云计算、人工智能等方式，加快推动内部审计信息化建设与应用。2021年6月，中央审计委员会办公室、审计署印发的《"十四五"国家审计工作发展规划》突出强调加强审计技术方法创新、充分运用现代信息技术开展审计、提高审计质量和效率，这些规定促进了大数据审计的良性发展。

3. 业务发展和环境变化促使审计工作要同频共振。传统的审计业务模式大都是抽样审计和事后审计，被审计对象样本往往是非全体、不连续的，难以实现审计全覆盖。在业务发展和环境变化中，从现场审计转向非现场审计的理念转变、从事后审计转向事前预防的前瞻性审计，审计利用计算机在大量业务数据的基础上实施数据挖掘、风险分析和审计评价，对业务进行全流程的监督和评价，审计的深度、广度和及时性远超过传统审计，也更能及时发现被审计对象在经营过程中的潜在风险隐患，使业务发展、环境变化与审计工作同频共振。

4. 审计业务技术手段的更新迭代。在常用的传统审计手段的抽样审计中，需要在海量的数据库中随机抽取部分数据来推断总体数据中存在的问题，难以花费过多的人力、物力来进行全面分析，难以实现重大错报及舞弊行为的审计样本全覆盖，从而降低了审计报告的质量。大数据、人工智能、云计算等新技术使审计实现全覆盖、非现场、远程化成为可能。利用网络爬虫技术，可以从互联网上获得客户的舆情信息、工商、司法等外部数据，实现审计对客户数据的全覆盖。利用机器学习技术，可以通过计算机对已发生违规数据进行学习，形成风险模型后，再自动对潜在的风险进行持续识别，从而实现审计非现场、自动化的持续监测，实现了审计提质增效。

（二）大数据审计的定义和特点

大数据审计是指利用大数据技术和方法对企业的财务、业务、风险等方面进行审计，以发现问题、提高效率和降低风险。大数据是新型生产要素（Mckinsey，2011）。党的十九届四中全会正式定义"数据"是生产要素。

（1）"数据可用"，用审计数据提高了审计工作效率。大数据具有与公共品相似的复制、传播和使用可不受时空限制的非竞争性，同时呈现低成本特征（Goldfarb & Tucker，2019），同时，也体现了大数据"非竞争性"的属性（Jones & Tonetti，2020）。数据很容易开源共享、复制和重组（Lynch，2008）。大数据审计确实"有用"，但作用不是万能的，包括智能机器人在内，依托人工智能的大数据软件都是人工制造的程序设计和由人控制的机器电源，即使智能发展再高级也只是人类创造的工具。在"数据可用"中，用审计数据提高了审计工作效率。

（2）"数据有用"，用审计数据决策。大数据审计的高效性造就了它的不可替代性和很强的针对性，"数据有用"使审计数据决策更有成效。软件不能简单套用，适合自己公司的就是最好的。但形成"改换天地"的质变效果还需要时间的验证。审计人员往往不熟悉被审计单位的信息系统，如果没有与被审计单位进行充分的沟通交流，可能导致采集的信息出现偏差，或者采集的数据不完整。例如，医院、科研院所等一些专业性较强的被审计单位，其信息系统数据庞大，管理人员只懂系统不懂专业，导出的数据并不能完全满足审计人员的需要。如果管理人员未提供完整、准确的数据字典，审计人员则只能自己摸索字段含义，导致最终采集的数据并非是完整、准确的业务数据。

（3）"数据易用"，用审计数据服务。大数据审计检索工作的准确性、完整性和便利性是审计事项完毕后资料的共享、补充和迭代，更能实现"数据易用"下的审计数据的闭环服务。审计机关与被审计单位之间的信息系统尚未完全建立数据访问与数据共享机制，审计大数据的获取只能依靠审计人员自己收集整理，有些第三方单位会以保密或其他理由为借口，不提供或不完全提供相关数据。个别被审计单位出于不同的目的，捏造或者篡改财务数据、业务数据等，造成分析结果存在问题。

（4）"数据善用"，用审计数据创新。目前，懂审计软件重要性的人多，懂软件操作的人才并不多。而且数字化转型是什么？自己单位的审计数字化转型是什么？为什么要数字化转型，如何才能做到数字化转型？并不是大家都懂。大数据审计需要审计人要有大数据的理念和思维方式，了解、熟悉、掌握所处组织大数据的状况，推动优化大数据审计环境。在此基础上，根据审计的目标，基于审计的场景需要，利用信息技术，直接进行处理、分析或者通过建模来服务于审计的取证、分析等工作，提升审计的管理水平。

（三）大数据审计的作用

1. 大数据技术手段的增加减少了不必要的工作量，提高了工作效率。由于大数据的量非常大，数据类型复杂多样，数据的处理和运算速度快，因此有助于提升审计工作的效率。2001 年 9 月，属于审计信息化项目的金审工程第一期开始建设，是信息化技术硬件基础（现场审计实施系统和审计管理系统建成）铺垫；2008 年，金审工程二期开始建设，重点解决以建设国家审计数据中心为标志的业务全覆盖；2016 年，金审三期项目开始建设，形成点对点互联互通、信息共享的审计综合作业云平台、审计大数据平台等业务支撑平台。大数据审计对传统审计作业模式的改变很明显，构建了"总体分析、发现疑点、分散核查、系统研究"的数字化审计作业方式，将工作重点从大量时间耗费在获取数据上转移到处理数据上。将某项审计工作固定为数据审计标准模型后，可以减少人为干扰；对于一样的模型，相同的输入就有相同的结果，不必执着于必须同一人进行这项工作；对因审计人员身体不适带来的工作滞后也可以避免。

2. 大数据技术应用降低了审计结果的不确定性。最原始的审计工作采用的是详细审计方法。当传统的审计面对企业的规模大、经营时间长、数据类型多、财政数据和业务数据量大时受人力和时间限制采用的多是抽样审计，覆盖度欠缺带来了审计结果的不确定性。但随着大数据技术带来的财务数据和业务数据的电子化普及率的提高，为抽样审计重回详细审计提供了现实可能。实务处理体量较大的电子文件时，使用计算机 C#语言、Python 语言可以高效、快速、准确地批量处理电子文件，减少人工差错；R 语言的应用可实现大数据审计的可视化，在人机交互中直观分析海量数据，提高发现审计疑难线索的可能性和缩短查找时间；SQL 语句的应用提高了全时段数据覆盖面，使用保留字 SELECT，同时结合 WHERE、GROUP BY、HAVING 等条件查询，筛选出审计需要的全面数据，克服了抽查中出现数据、内容不全引发的问题。

3. 大数据技术可实现审计事前预测。每次做完审计项目后的电子数据的保留与共享，在以后进行相同项目大数据审计中会用到，以繁杂的数据彼此存在的各种联系建立的审计数据分析模型为基础，更容易从中找出不合规的地方。根据被审计单位的数据库信息，导出数据进入数据分析模型，自动执行分析，减少人力消耗，形成审计工作的日常化。将分析模型标准化也有利于审计工作经验的传承。传统审计都是事后审计，更加针对于被审计单位本身，而大数据审计可以分析总结此类问题发生的原因、趋势，对相同类型的企业，甚至同行业避免此类问题的再次发生都能有所借鉴。这也同时要求审计工作人员熟悉法律法规，对审计过程中探索事物的发展规律认识清楚，从事后审计向事前审计转变，为法律、法规相关政策落实的具体细节的不足之处的政策优化提供了实现路径。

4. 大数据技术助力实现审计数据的覆盖面。财务数据审计是审计过程中的重要组成，但审计总体还会包含会议纪要、收发文、工作总结等文本数据的收集，通过网络爬虫技术获取诸如行政审批局等单位的系统数据，利用遥感地理信息系统（GIS）查询自然资源环境审计中所需的地理数据，通过筛选关键字等操作实现业务与财政数据的相互连通，从而实现全节点都能覆盖的大数据审计。

二、大数据审计协作机制的框架

（一）传统审计与大数据审计的融合点确定

传统审计的不足体现在时间的大量耗费、审计人员要有很强的主观性、个人能力与技术的局限性、与大数据带来的智能化不匹配。大数据审计的不足体现在无法做现场审计和对非财务数据信息的获取具有局限性。

1. 现场审计。传统审计中还有重要的现场审计。将中医神医扁鹊的"望、闻、问、切"引申到审计领域,也是有效的解决问题的办法。把仔细观察叫作"望",在被审计单位或审计工作现场,要观察审计现场环境、被审计单位环境、被审计单位人员及人员之间的关系等。善于通过观察各种动静、各种迹象及人与人之间关系来努力寻找问题的"蛛丝马迹",从而发现问题。像"小金库""偷梁换柱"等线索可通过"望"的方法查证;把多方汇集信息叫"闻",对于审计业务工作来说,调查、收集与被审计单位、重点审计对象及审计事项有关的信息是审计业务工作的重要内容,它有助于审计人员迅速辨别真伪、去伪存真;把询问、疑问、查问叫"问",在问之前,明确自己要问什么、查什么的工作思路,做到敢于疑问、善于查问,在询问中解开疑惑,发现问题或证实问题;把看到的线索用专业把脉叫"切",审计人员在审计现场工作过程中,通过上述"望、闻、问、切"等过程,收集大量信息,查证问题疑点,最后确认问题的性质、种类及金额,开出"药方"。现场跟进,实现数据化审计的精准突破。对数据分析中的疑点、难点有针对性地开展现场核查,实地走访,可以见人、见物、见场景、见财、见物、见关系、见始、见终、见痕迹、见细节等。

2. 对非财务数据信息的获取具有局限性。大数据擅长的是提高效率,扩展能力边界,而不是解决疑难杂症。一方面,大数据审计能将所有数据都作为被分析的对象,面对全数据而非样本,可以从更多的视角发现可能出现的问题,解决传统审计难以获取、利用外部数据的固有弊端,减少抽样方法的使用,降低了审计风险,提高了审计结果的准确性。另一方面,大数据审计工作先通过对被审计单位数据进行恢复、清洗、规划、分析,然后对发现的问题疑点有针对性地进行现场核实,数据处理和分析工作,不需要在被审计单位实施,也无须固定的工作时间,增加了审计的灵活性,减少了对被审计单位正常工作的影响,提高了审计效率。会计上的数据信息多为财务信息,大数据审计的优势集中在数据的处理方面,所以大数据审计获得的财务信息会很全面。但大数据审计直接获得数据资料之外的非财务信息并不理想。传统审计需要审计人员通过证券分析资料、政府管理部门文件或者行业分析资料的线上线下的非财务信息间接获得,通过以谨慎的态度对经营场所、生产场所、仓库等地的现场调查以及对高级管理人员、生产人员、库管员、统计员、业务员、律师的询问等直接路径获得。获取非财务信息的重要手段是现场调查和询问，财务数据外的企业内部生产记录和制度是比会计报表更可信的资料，能否收集到高质量的非财务信息与"五到"（心到、眼到、口到、脚到、手到）综合协作的结果密切相关。

综上所述，大数据审计协作机制的框架就是"大数据审计 + 现场审计 + 信息安全"。

（二）大数据审计协作机制的运行机制

1. 审计人员对新技术的运用能力。大数据作为一门新技术，审计人员首先要掌握大数据下的数据获取、分析的技术，并应用于审计核心技术的能力。审计数据分析一般是在审计实务中利用可视化技术、分类/回归技术、关联分析技术等。通过分析、建模、可视化步骤进行模式分析、异常识别以及提取其他有用信息。大数据审计与传统审计最大的区别是对新兴互联网技术的学习和在计算机中具体应用能力，对思维方式方面提出了新要求，此时局部思维需要更新为全局的视角，这就需要增强组织对审计人员的培训。

2. 职业能力的有效提升。在大数据的海量数据中，审计人员在收集证据快速便捷的同时要提高对信息识别与筛选能力，因为信息大爆炸的负面影响也带来有用的和无用的信息的大量呈现，被审计单位也可能提供大量虚假信息，借以蒙混过关，这样都提高了审计风险。审计人员需要有高度的严谨性，要不断提高职业能力。

3. 建立新型价值观与组织文化体系。大数据下出于安全考虑，对各行各业数据的保密性都有要求，审计人员的价值观、文化体系也受到冲击，需要加以更新。尤其在互联网技术高度发达的情况下，信息获取、处理、传递中的信息安全受到来自各个方面的冲击，这就对审计单位和审计人员提出更高要求。审计单位在获取审计数据时，在接收和保管被审计单位重要信息时，需要担负起被审计单位信息安全的责任。因此需要审计人员加强自身职业道德素质的建设，同时也需要审计组织的价值观和文化体系不断更新，促进审计职业道德的进步。审计单位也要有强大的技术来保障被审计单位信息的安全。通过发挥内部审计及时性的优势、政府审计证据和信息全面性的优势以及社会审计专业性优势，有效地避免重复审计，提升审计效率，节约审计成本。

（三）大数据审计协作机制的动力机制

完整的审计监督体系包括政府审计、注册会计师审计和内部审计，三者之间没有主导与从属之分，相互之间不可替代；三者依据的法律和审计标准各有侧重，但工作方法具有一致性。一般说来，具有广覆盖面、多业务种类的外部审计结果对内部审计工作有指导作用，特别是政府审计的结果是单位内部审计的标准和不可逾越的标杆。三种审计结果的互相参考能提高审计工作的效率。三者在审计主体、开展工作的法律依据和标准、独立性、审计方式、审计目标、审计服务的对象、审计的取证权限、发现问题的处理方式、审计结果效力、审计服务的有偿性、被审计单位的主动性等方面有所不同，所以在各自闭环、交叉闭环中都容易出现断点，只有加强协作才能共赢。

1. 政府审计与社会审计的协作提升了审计质量。政府审计与社会审计在多方面有所不同。从审计独立性看，政府审计机构隶属于国务院和各级人民政府领导，因此，在独立性上被视为单位独立，即独立于被审计单位，但政府审计是政府行为，所以是无偿审计。注册会计师审计表现为双向独立，既独立于审计委托人，又独立于被审计单位，是由中介机构完成的，属于有偿审计。经济责任审计是具有中国特色的新型审计业务。作为基本审计活动，经济责任审计与财务收支审计有着本质上的相同点和不可分割的内在联系。但是作为新型审计业务，经济责任审计与财务收支审计无论在理论内涵或在外在表象上，还是在实际操作中又有着各自的不同。经济责任审计和财政财务收支审计项目充分利用大数据手段，针对被审计单位提供的数据进行分析、疑点发现及核查，筛查出问题数据。

政府审计与社会审计在各自熟悉的领域有着各自的优势，政府审计的优势领域集中在行政事业单位审计、专项资金审计等涉及财政资金收支审计方面，社会审计的优势领域集中在企业审计方面。因此，在实施涉及国有企业财务收支审计、经责审计等审计项目时，通常更多地依靠社会审计力量、政府审计力量作为补充，对国有企业的保值增值、财务状况、经营成果等进行精准审核分析，审计质量会明显提升。在实施有社会审计人员参加的政府审计项目时，必须严格按照政府审计的相关流程开展审计，这是刚性要求，必须遵守。因此，在审计实践中，政府审计人员要对参与审计项目的社会审计人员进行现场培训，以审代培、以审代训；在审计现场，强化社会审计人员在审计调查取证、审计工作底稿编制等方面严格按照政府审计流程规范操作，从根本上保证审计工作质量。

2. 政府审计与内部审计协作，共享内部审计成果，提高协同效率。国家审计的强独立性与内部审计的弱独立性并存，导致协作运行机制的闭环出现断裂链，影响了协作的推广覆盖范围。内部审计单向独立于被审计部门，行政管辖和利益的高依附性使执法执纪程度、工作质量都容易受到一定影响，违背审计与会计的不相容原则、隶属关系不明晰、监督执行不力的情况也时有发生。国家审计双向独立于被审部门和授权单位，内部审计被动配合国家审计，造成协作机制缺少动力，增加综合审计成本。利用财务大数据，根据财务账套数据、财政一体化系统的支付数据、指标数据，深入分析国家拨款单位在预算管理、往来账款、工程款支付方面可能出现的问题。例如，针对学校，从财务管理层面促进学校财务收支的规范管理，通过日常管理活动数据进行交叉比对，进一步核实差异出现的原因和合理性，对管理情况进行深度剖析；利用日常管理数据，深入分析教师日常管理数据（工资、考勤、编制数据等），查看是否存在差异，深挖日常管理的漏洞、死角，保障学校财政财务收支规范有序，使预算单位在内部管理方面不留盲区。

3. 社会审计和内部审计协作，利用规模经济优势，降低企业管理成本。当企业内部审计需要技术支撑，但企业自身又难以承受个性化技术的高额成本，且技术人员能力不足，日常管理、员工培训也成为了刚性支出，可以充分利用成熟的外部审计组织突出的规模经济优势，对企业内部审计实行技术租赁和业务协管或代管，实现成本最低的等效服务或相同成本的更高效服务，同时也降低了国家审计时提供符合要求规范资料的总成本。

（四）大数据审计协作机制的约束机制

1. 对职责和独立性的认知。从事内审工作的人基本都会把"独立性"视为内审最重要的特征。独立性确实可以保证内审人员不介入管理流程，保持思想上的独立，在进行审计监督和评价时保持客观。但有时候保持独立性也成了内审人员不愿去多想一步、多做一步的挡箭牌。职责和独立性有相似之处，清晰的职责可以让机构、人员分工明确，高效工作，但同时清晰的职责也可能会导致职责之外的事情大家都不愿去碰、不愿去想。追求无边界的工作、处理好分工负责与协作的关系，考验着具有主观能动性的审计工作的每一个人，也就是说，一般审计人员与优秀审计人员之间的差异不是专业知识、专业经验，而是意识。知识和经验都可以传授，意识只能靠个人去悟。

"责任落实不到位"永远是管理问题的焦点，也是审计工作同样所面临的。依法依规审计是前提，实事求是、客观公正是价值观的体现。审计人员不能自转，而是要围绕大局去公转，就要分清业务独立是必需的，决策层和管理层要协作，而不是两者也是各自独立的。一个优秀的审计人的工作不会被他的职位、部门甚至技能所限，他的思维应该是跨界的。清晰边界的职责和无边界的业务协作的独立性，既可以使内审工作更有成效，又能拓宽自己的眼界、边界，在不断成长中拓展自己的能力，让事业的版图越来越大，自己也能得心应手。如果工作总是拿着旧地图，不仅找不到新大陆，由于风险表现形式的变化，还可能搭上过去的积累。

2. 数字化审计不等于会写代码才能做审计。不知不觉中，大数据已悄然改变了人们的生活方式。审计人员也同样经历着数字化革新所带来的阵痛，在推进数字化审计的过程中有一种倾向，即将数字化审计等同于会写代码才能做审计。数字化审计有思路、数据、工具、行动、协作和评估这六大支柱，写代码分析数据只是数字化审计的一项工作内容。透过业务表象对业务数字化技术应用的理解力和辨识数字化时代新风险的能力才是拉开审计人员之间差距的根本原因。数字化时代，作为审计人员，不仅需要提升技术能力，更需要提升透过业务表象对业务数字化技术应用的理解力；不仅要关注数字化转型中的组织架构变化、业务模式重构、产品流程优化，还要关注推动这些过程的数字化力量。数字化时代，最容易拉开审计人员之间差距的不是会写代码的技术能力，而是透过业务表象对业务数字化技术应用的理解力。审计人员在数字化时代应更好地履行职责使命，更多地创造审计价值，避免被日后更新、更加迅速、产品日益炫酷的大数据时代所抛弃。

　　资源的稀缺性决定了我们实施方案选择时只能有所为和有所不为。实际上并不存在最优解，需要的是动态的观察和调整。弗雷德·佩拉德认为，战略思维是每个人可以学习的一种技能。战略性思维就是把实践中总结出来的方法、技巧进行分析，找到规律，进而进行全面复制的思维方式。要学会战略性思维，在面对困难的、战略性的问题时，就必须回到"自上而下"的方式，相信总能用一个或多个工具找到一条途径。战略思维方法，讲求以长远之视审大局之势，在更广的时空纵深里，精准发力，有的放矢。战略思维就是要用系统化的思考达到"既见树木，又见森林"的效果。战略思维是一种可学习的技能，学习它并能熟练应用的过程又像是学习一门新语言的复杂过程。使用战略思维中的"向上—向下—推进"三个阶段的过山车式思维方法可以又快又好地解决复杂的战略问题。战略是在多种可能性中做减法抉择，理智只是其中的基础性思维，更多的是由直觉判断来主导。人生没有预演，也没有最优解，大多数人都停留在"推行"的第三个阶段做与不做，有方案时按方案做，没方案按领导的指示做，已有数据的照数据的计算过程来做，只有无所依循或想做得更好时，使用战略思维会事半功倍。"向下"的第二阶段是确定第一阶段的合理（可行）和不合理（不可行），第一阶段的金字塔、突变游戏和快乐线的"向上"思维就成为战略思维的重中之重。

　　在企业环境中，借助一些无须复杂且容易被记住的数据说服别人去做一些新的事情会事半功倍。尽管大多数决策围绕着的财务数据都有历史、滞后的特点，但这些数据不可或缺，所以除了财务视角外再添加客户（不满意就可能换供应商）、业务流程（业务运营行不行）和学习成长（与人力资源相关的个人及企业自我提升的企业文化培养）三个视角，就是一个动态的决策流程和学习模式。作为部门，要与各利益相关方同乐乐，通过审计的价值输出，建立联防体系，构建"命运共同体"。

　　3. 技术。常见的技术资料显示，在审计中运用以下技术可事半功倍。利用 COM 技术自动生成 IBMi2 舞弊关系分析图表，搭建数据化审计环境。在风险管控实践中，IBMi2 Analyst's Notebook 简称 i2，对识别隐性担保关系、洗钱网络、非法融资平台等有很强的辅助作用。但在使用过程中，往往需要经过数据整理、导入、格式化等多个步骤才能生成可读性较强的图表，对多个类似数据源也不能批量生成，而是需要一个个手动操作，大大影响了检查工作的效率。i2 隐含提供了 COM 接口，那就完全可以使用 Python 来批量读取数据，批量自动生成 i2 的图表关系文件，避免图表生成过程中耗费时间和精力的重复劳动，将检查人力资源更多地投放到数据分析和核查中。

审计数据从表现上看是一个非结构化的文本，但其中又有明显的规则的半结构化数据；从整体上看不是通过二维逻辑表来表现，但又包含相关标记，用来分隔语义元素，对实体的记录和字段进行标识，但有可能有不同的属性。为降低审计风险，需科学分类选择审计对象，使用 Python 语言，基于全国机构的多维度指标，使用机器学习的非监督聚类分类算法，将全国的机构自动分成 N 个群组，各群组内部各机构具有明显的相似性和群组间的相异性，同一群组内的任一家机构都能作为该组的代表抽样。交易者账户和其控制的"影子账户"往往在时空上有一定频率的交集。从交易数据中，找到这些频繁出现的交易集合，也就能找到相应的"影子账户"。数据挖掘中的关联规则挖掘就是这样一种挖掘频繁集的算法，可以让"影子账户"无所遁形。例如，实战案例中有利用社交网络分析（social network analysis，SNA）挖出"围标"线索，因为存在围标的公司之间的一些关键信息上会有交集，这些交集会构成一个隐蔽的网络，以参加投标的公司、该公司相关的联系人、银行账号等静态信息分别作为节点，找出隐含的网络，进而识别出关键的节点，从而挖出围标线索。

4. 模型。三道防线模型在重新修订中去掉了"防"字，将三道防线模型优化为三道线模型。没有了"防"字，存在部门之间的看重局部利益互相之间的"内耗"的防也应该去掉。数字化的世界里没有"墙"，只是坐标系中的一堆代码，只有协同，数据才能流畅。三道防线模型过于注重"防御"，于是外界也格外防御审计人员。新模型改变了许多组织在看待风险、控制、协作、沟通、问责、确认等方面的方式。符合今天的现实，与时俱进才能推动内审事业不断发展。但这样的流程会导致将内审部门作为业务管理最后一关，使其成为业务环节的一部分，失去了审计监督的独立性，为业务背书。三道线模型是改进和优化，强调组织治理是通过治理机构、管理层和内部审计协同努力达成的结果。三道线模型强调内部审计的独立性并对公司治理机构负责，同时要求内部审计要做到两个交互：一是定期与管理层互动，以确保内部审计工作的相关性；二是与外部确认方（国家审计、社会审计）的交互。做到两个交互是提高内外审计效率和质量、降低错报风险、更好地实现助推企业高质量发展的重要途径。

在审计数字化转型中，模型是难点，也是审计数据分析能力构成的重要因素。根据审计和业务逻辑，借助数据分析工具，以审计数据资源库为支撑，构建查询分析类模型和问题线索类模型。通过模型需求、开发、验证、推送、使用、优化和终止等环节，实现模型全生命周期管理。内部审计需要与管理层之间保持互动，对治理、风险管理的适当性和有效性开展独立于第一、第二线的客观确认和咨询，出具审计意见和整改建议，为治理机构提供有关公司治理的关键信息。但值得注意的是，在此模型中，外部确认提供方没能与模型中的职能实现交互。三道线模型对内部审计定位和职能的再次梳理与确认，对新发展时期的内部审计工作给出了方向。所谓三道线模型是指运营管理——内部监控与监督——内部审计。业务过程的防线首当其冲，是最重要的，流程即防线，占据企业90%的精力；第二道防线是风控和合规管理，主要负责查漏补缺，给业务部门提供专业培训和指导；内审部门是公司的最后一道防线，其定位是恪守组织独立性和客观性，建立专业的内审机构对企业非常重要。上述三道防线各司其职，共同为企业高质量发展提供合理保证。

从三道防线模型到三道线模型，传递的是风险管理理念由被动"防御"转变为主动作为，从风险管理领域向组织治理转变。三道线模型明确内部审计向治理机构负责，内部审计的责任就是协助组织更好地抓住风险、创造价值的机遇，控制风险的不利影响，采取切实有效的风险管理策略，保持与国家审计、社会审计上下、内外联动，协同创造并维护好企业的价值。三道线模型是对内部审计职能的重新定义和扩展，内部审计和被审计对象从对立的关系到融洽的伙伴关系，是内部审计价值的第二曲线着力点。三道线模型下国家审计、外部审计与内部审计各自的优势与共建、共享的融合互促，是审计全覆盖的大环境和趋势下，推动内审事业与时俱进收集新数据、应用新技术、变革新流程的持续动力。

5. 数据化模板流程的优化。在分布分析、趋势分析、影响分析、原因分析、整改分析、例外分析和总体分析方面都可进行数据化模板流程的改造和优化。随着数字化转型的深入，就像适配数字经济的线上化贷款产品的核心环节的调查、审批、放款、查访一样，越来越看不到摸不着的业务形式、风险类型、演变逻辑、表现形式都发生了变化。通过数据看板，审计人员不仅要检查评估数据内生风险，还要面对更多的数据外生风险，从而有效地避免重复审计，提升审计效率，节约审计成本。

（1）审计人员使用数据看板的必要性。

①精细化的数据分析。数据看板提供了丰富多样的财务数据，并通过简洁、易懂的可视化语言呈现，方便审计人员对财务数据进行深入分析。它不仅有助于发现数据异常，还有助于通过数据模式识别发现财务领域的趋势并加以利用。

②提高工作效率。数据看板在数据实时更新的基础上，可以将财务报表数据可视化呈现，有助于审计人员更快地了解企业的财务状况，提高审计工作的效率，它通过交互式报告的方式，满足审计人员的信息需求，利用可视化语言呈现财务数据，使审计人员能够在较短时间内快速获取有效信息，提高工作效率，节省时间和人力成本。

③用户体验更加友好。通过数据看板，审计人员能够灵活地选择所需数据，并可以根据自己的需求和对财务领域的理解进行调整。这不仅有助于提高用户体验，还有助于审计人员更准确地理解财务数据。

④减少错误。数据看板通过可视化语言呈现财务数据的方式使数据错误很难出现，在经过多次测试验证后能够保证数据的可靠性和准确性，有助于审计人员避免出现人为失误。

⑤增强合规性和透明性。审计人员使用数据看板可以提高审计效率和精确度，减少人为失误和错误，提供更好的客户体验和合规性，满足客户需求，提高审计工作的全面性，可靠、规范的财务数据，在符合财务合规性的同时，也增强了审计的透明度，让审计人员能够准确地评估财务数据的安全性、保密性和客观性。

⑥数据看板可以优化审计数据。审计在进行业务分布、趋势、影响、原因、整改、例外和总体分析中都需要企业提供大量的数据。数据来源于会计凭证和账簿、财务报表、审计证据、业务数据、内部控制、风险管理信息和其他相关信息，审计人员需要获取以上各种数据，以便更深入地了解企业的经营情况和财务状况，提供有根据的、客观的审计服务。其中，会计凭证和账簿记录了企业的各项业务活动和经济业务数据，包括原始记录、凭证、日

记账、分类账、总账和报表等；财务报表是对企业财务状况、经营业绩和现金流情况的全面反映，包括资产负债表、利润表、现金流量表和所有者权益变动表等；审计证据是审计人员进行审计活动的核心素材，具体包括企业经济业务活动的各类凭据、文件、记录、报告和数据等，审计证据是评价企业内部控制体系及风险管理水平、判断财务报表是否真实可靠的重要依据；业务数据主要包括企业各项业务活动数据，如销售量、采购成本、库存状态、营业收入及支出、在建工程、不动产物料存货明细等；内部控制和风险管理信息包括内部控制和风险管理的政策、方法、机制和实施情况等，主要用于评价企业内部控制体系和风险管理水平是否有效；其他相关信息可能涉及企业经济业务活动的其他相关文书、记录、报告等。

高效的可视化数据看板是对于数据的改造和优化。数据看板具有可视化数据（数据看板可以将数据转换为图表和图形，使其更易于理解和处理）、实时监控（数据看板可以实时监控业务数据，让管理人员对业务的发展有及时的了解）、协作共享（数据看板可以让多人协作使用，共享数据分析和决策）；提高效率（数据看板可以在不需要通过多个系统和数据源的情况下，提供对数据的快速访问和分析，这可以帮助提高员工的工作效率和生产力）；改善决策（数据看板可以提供准确和可靠的数据，使管理人员能够更好地理解业务状况并作出更好的决策）；提高员工满意度（数据看板可以帮助员工更好地理解他们的职责和任务，并使他们对业务的工作感到更有价值和意义）。

（2）审计人员的数据看板和企业给的数据看板的区别。

①数据来源不同。企业的数据看板通常来自多个数据源，包括财务、营销、生产等。而审计人员的数据看板主要关注财务数据，是对企业财务数据的详细分析和评估。

②数据处理方式不同。企业的数据看板主要用于公司内部决策，通常交互性较强，支持多方面的数据分析和整合。审计人员的数据看板则更注重细致精准的数据分析，采用更加科学有效的数据处理方式。

③数据可视化程度不同。为了更好地服务企业内部决策，企业的数据看板通常采用更生动、直观、精美的可视化方式。审计人员的数据看板则更注重严谨、准确、可靠的数据分析结果，因此通常采用更清晰、规范、专业的可视化方式。

④注重数据安全性不同。企业数据看板包含公司机密，对信息安全的保密需求非常高。因此，企业的数据看板通常在数据共享、权限访问等方面设有严格规定和限制。审计人员的数据看板也同样存在数据保密需求，但它更侧重于以审计为目的的数据分析和报告，因此通常更加注重可验证性和稳定性，避免数据泄露和损失。

综上所述，审计人员和企业的数据看板在数据来源、数据处理方式、数据可视化程度和数据安全性等方面存在明显不同。审计人员的数据看板更注重于为审计工作提供更准确、更可靠的财务数据分析，而非更全面的企业内部决策和数据交互。

（3）审计数据看板的建立逻辑。审计数据看板的逻辑需要针对审计项目和审计目标进行设计，根据财务报表和其他财务数据分析获得的关键指标进行分类、监控和呈现，以及及时更新的交互式报告，以满足审计人员的需求。考虑的出发点如下。

①审计范围。需要明确审计范围，即审计的资产、负债、收入、支出等方面的内容。这有助于确定需要监控的指标和数据来源。

②数据可视化。将审计数据转化成可视化的图表和表格，以便审计人员能够更直观、清晰地了解企业的财务状况。

③指标分类。将关键指标按照审计项目和审计目标分类，如按照资产负债表、现金流量表、利润表分类，或按照业务线、地区、时间等分类。这将有助于审计人员更好地理解企业的财务状况。

④指标监控。监控每个关键指标的变化情况，随时发现异常情况，及时采取措施减少风险，并且不断追踪财务情况的变化和趋势。

⑤交互式报告。数据看板可以采用交互式报告的方式，使审计人员能够根据自己的需求选择关键指标、视图和维度，以便更好地了解企业的财务状况。

⑥实时更新。数据看板需要实时更新，更新的频率取决于审计项目和需求，以便审计人员随时掌握企业的财务状况。

（4）审计人员编制数据看板需要具备的能力。

①业务知识。审计人员需要了解企业的财务状况和业务情况，熟悉财务报表和其他财务数据的分析方法，以便选择关键指标和数据源。

②数据分析能力。审计人员需要掌握数据分析的技能，包括筛选、清洗、

转化和可视化数据的能力，以及掌握常见的数据分析工具和语言。

③数据可视化能力。审计人员需要能够将某些数据呈现为图表、表格和其他可视化形式，以便更好地理解和分析数据。掌握数据可视化工具和技术可以提高审计人员的数据分析能力。

④技术能力。审计人员需要掌握基本的技术知识，了解如何构建和维护数据看板，以及如何处理和存储数据。

⑤沟通与合作能力。审计人员需要与不同部门的人员进行沟通和合作，以获取所需数据，同时也需要向他们解释数据报告和分析结果。

（5）创建审计数据看板的步骤。

①确定审计目标和内容。需要确定显示的数据，设定关键性能指标（KPI），为数据看板的编制打下基础。创建审计数据看板最初需要确定要显示的数据类型。这些数据可以从各种数据源获取，如数据库、电子表格。不同的审计主体，所需数据类型也有所不同。

政府审计机关是政府审计的主体，是代表政府依法进行的审计，法律法规主要依据是《中华人民共和国审计法》和国家审计准则，它是同级政府授权审计，双向独立且独立性较强，是对单位的财政收支或财务收支的真实性、合法性和效益性进行的审计，由政府审计机关拟订项目计划，服务对象为同级政府及对应的管理机构，对审计事项有关问题向有关单位和个人进行调查、取证时具有审计机关的行政强制力，在法定职权内作出审计决定或者向有关主管单位提出处理处罚意见具有较强的权威性，其履行职责的经费是纳入财政预算的无偿审计。

注册会计师审计由会计师事务所（政府有关部门审核批准）负责进行，双向独立且独立性较强，法律法规主要依据《中华人民共和国注册会计师法》和中国注册会计师审计准则，其审计主要是对财务报表是否按照适用的会计准则和相关会计制度编制发表审计意见的委托审计，是定期审计（一般是一年一次），服务对象是委托单位投资者、债权人及社会公众服务，它更大程度上依赖被审计和相关单位的配合和协助才能获取证据，发现问题只能提请被审计单位调整披露或被审计单位拒绝后视情况出具保留意见或否定意见的审计报告。会计师事务所参与的社会审计往往是政府审计财政关注的重点资金或项目，威慑性依旧很强，审计业务是其生存的基本业务，审计客户是其收入的主要来源，所以是有偿审计。

内部审计则由单位内部的职能部门的审计机构及人员进行，单向独立且独立性较弱，对于审计项目及其时间的选择、审计结果的运用等诸多方面可自主进行，法律法规主要依据《审计署关于内部审计工作的规定》和内部审计准则，由单位主要领导或者其相应管理机构指导工作，其主要目标是为加强单位内部控制、减少管理风险的内部管理服务，服务对象是本单位主要领导及管理层，内部审计具有受单位主要领导授权的单位行政强制力，以促进单位规范管理、提高单位运行效能为基准，具有一定的灵活性。审计的结果只对本部门、本单位负责，没有鉴证作用，并向外界保密，效力相对较弱，只能作为本部门、本单位改进管理时作参考作用的资料。内部审计是纳入本单位预算的无偿审计。

②选择适当的可视化工具。确定需要在数据看板中展示的视图和维度，如收入、成本、利润等视图，以及时间、部门、地区等维度。这有助于整理和清晰化数据，使数据看板更具可读性和实用性。采用图表、表格等数据可视化工具来设计视觉化呈现方式，将数据指标和维度可视化呈现，使数据更直观、易于分析和理解。这有利于审计人员快速掌握企业的财务状况。要选择合适的数据可视化工具，如 Tableau、Power BI 或 Google Data Studio。这些工具允许选择各种图表和视觉元素（如地图、图表、报表和指标），以更直观地表示数据。数据可视化工具可以使审计数据更清晰、易理解，它可以是图表、表格、地图或其他形式的可视化信息呈现，可以用于辅助审计人员快速理解财务数据，使审计人员更容易作出合理的判断和结论。

使用的可视化工具如下。

数据仪表盘：数据仪表盘应该是一个能够反映企业财务情况、业务运营情况、风险状况的可视化指标集合，包括但不限于营业收入、成本、毛利率、利润、现金流、账龄分析、客户满意度等一些关键的核心指标。

审计风险指数：审计风险指数是评估企业财务风险的重要指标，主要反映财务报表是否真实可靠及内部控制、风险管理是否有效，用于监控和管理审计风险，以及采取相应的措施加以控制。

审计时间线：审计时间线通常是一个基于时间轴的图表，反映了审计过程、任务进度、异常处理等情况。它可以帮助审计人员掌握审计任务的进度和状态，及时发现问题并采取相应措施，确保审计任务按时完成。

监管指标监控：监管指标监控通常可以用于对企业的经营管理情况进行监督和监管。审计人员需要监控企业是否满足监管机构的法规要求以及内部合规要求，如税务、中央银行、保险监管机构等。

③设计布局。选择合适的布局并确定可视化元素的位置，以确保看板易于使用和理解。根据审计目标和内容，确定需要展示的数据指标，如销售额、资产负债表、现金流量表等。数据指标的定义应该准确，并与审计目标和内容相匹配，以便审计人员分析数据时得到准确的结果。收集需要的数据，并对其进行整合和处理。这样可以确保数据的准确性和完整性，并使其易于分析。通过分析数据变化和趋势，可以了解业务的整体状况，如销售额和利润率的状况等。通过对比不同地区、产品线或时间段的数据，可以了解业务在不同情况下的表现和变化情况；数据看板可以根据需要集成更多的附加分析，如预测分析、趋势预测和决策支持等，这些额外的分析可以帮助更好地解释数据，并取得更好的业务结果；通过设定数据看板的报警机制，可以及时发现业务异常情况并采取措施。

④制作数据可视化。根据选择的可视化工具制作图表和报表等数据可视化元素，并组合成一个完整的数据看板。使用数据可视化工具，将数据转换为图表和视觉元素，以摆脱枯燥的数字和文本。数据可视化后，可以发现以下问题：例如缺失数据或数据错误（缺失数据或数据错误可能会导致数据看板中的分析不准确，从而影响业务决策，因此需要确保从数据源收集到的数据是准确和完整的，并更新数据看板以反映最新数据）；无法确定关键指标（如果数据看板中定义的关键指标不可靠或不正确，可能会导致决策不正确，因需要花费足够的时间来确定关键指标，并设置报警机制以便及时对关键数据进行监测和管理）；可视化设计问题（不良的可视化设计，如颜色选择、字体大小和布局等过于复杂的视觉元素会使数据看板难以阅读和理解。因此，需要花费时间审查可视化设计并将其简化）；没有针对受众的个性化视图（数据看板需要根据受众的角色和责任构建个性化的视图。如果看板不考虑受众，可能会导致不必要的混淆或误导）；安全和隐私问题（数据看板可能会涉及敏感信息，因此需要确保数据的安全和隐私，像使用安全协议和密钥管理，以及遵守相关法规和公司规定等）。根据审计目标和内容，将数据指

标、视图、维度等整合起来，运用数据可视化工具，编制出数据看板。在编制过程中，需要注意数据的准确性、可读性和易用性。

⑤测试和修改。一旦数据看板制作完成，需要测试和修改以确保其在不同的设备和平台上都能正常运行。在数据看板编制完毕之后，需要进行内部审核，并对数据看板进行调整和优化，以确保数据和呈现方式的准确性和实用性。发现问题后可通过改进数据显示、提高数据效能并立足用户需求和数据的最佳实践来实现。

具体措施如下：确定关键性能指标 KPI（选择与业务相关性最高的关键性能指标，可以使数据看板更有针对性、有效性强）；精简数据量（减少数据看板中呈现的数据量，使得数据看板更加简洁、易于理解和使用，不至于让用户感到过载和无助）；优化可视化设计：选择满足数据可视化最佳实践的视觉元素，如图表类型、颜色、排版等，使数据看板更符合人们的认知能力；数据自动刷新（数据看板中的数据需要及时更新。通过实现数据自动刷新机制，可以满足数据看板的及时性需求）；实时报警设定（数据看板通过设置实时报警机制，确保出现问题时及时发现和响应）；定期审查和改进（定期审查和改进数据看板是很有必要的。由于企业运营和业务需求的不断变化，数据看板需要不断地调整以反映最新的数据和业务趋势）；个性化视图（根据不同的受众特点和需求构建个性化视图，并设计特定的用户交互功能，以满足用户的高效和方便使用）。

⑥共享和使用。利用数据分析工具，如业务智能工具和机器学习技术，使数据看板发挥更大的功效而不仅是提供可视化的数据分析，而且进行高效的数据分析，并将数据看板发布并分享给相关人员使用。同时，需要确保数据的安全性和隐私性，遵守公司和行业的相关规定。按照审计人员的需求和实际情况，确定数据看板的更新频率。数据看板的更新应该及时，以便审计人员随时了解企业的财务状况。

数据看板的结论是基于数据分析和可视化得出的。由于数据看板中包含的数据来自不同的数据源，需要通过数据清洗、集成、转换和分析来获得有效的数据结论。数据看板的结论可以帮助业务团队或决策者了解企业运营状况，例如业务趋势、产品性能、用户行为等，从而基于数据作出有效的决策和规划，这种基于数据驱动的方法比依赖于经验和直觉的决策更加客观和科学。除此之外，数据看板的结论还可以为企业提供更多的价值，如优化业务流程、提高客户满意度等。根据数据看板的结论，业务团队或决策者可以制定不同的业务战略，如增加营销投放、开发新产品或调整营销策略等。在结合数据分析和可视化之后，数据看板的结论也更加直观和易于理解，可以帮助企业提高数据分析的效率和准确性。因此，企业应该充分利用数据看板的结论，进行有针对性的决策和规划。将审计项目的全部资料保存，供以后相同或类似业务使用和共享。

（6）数据看板对审计人员的作用。对于审计人员来说，使用数据看板可以提高审计人员的效率和准确性，实时监控风险，提供更好的业务决策。使用数据看板能够提升整个审计工作的效率，为企业提供更好的保证。

①提高审计工作效率。数据看板为审计人员提供了一个直观的界面，用于查看和分析数据。相比于传统的审计方法，使用数据看板能够更快速地获取和分析数据信息。这可以大大减少审计人员的工作量，并提高审计效率。

②提高数据准确性。数据看板中的数据都来自数据集中和处理后的数据，消除了手工处理数据所带来的波动和误差。使用数据看板能够提高审计人员对数据的准确性和可靠性。

③实时监控风险。数据看板可以实时监控业务运作中的关键风险指标和监管指标，能够更及时地发现问题和风险并采取相应措施，防范企业损失。

④更精准的信息解读。通过可视化的方式呈现数据，数据看板可以更直观地呈现数据信息，让审计人员更容易地理解并作出精准的解读，使审计人员能够更快速地获取信息，为审计工作提供有力的支持。

⑤增强业务决策能力。评估数据看板中的数据可以让审计人员了解企业的业务状况和趋势，从而帮助企业在制定业务决策中更好地应对市场变化或形势的发展趋势。

（7）辅佐审计得出结论的可用大数据。审计数据看板是一个可以帮助审计人员时时监控企业财务状况的工具，可以帮助审计人员及时发现问题，制定应对措施。在大数据时代可以辅佐审计人员工作事半功倍的数据有以下几种。

①财务数据。财务数据是审计中最重要和最常用的数据，主要包括账户余额、应收应付账款、资产负债表、现金流量表等数据。这些数据可以通过

企业的财务软件、会计账簿、银行对账单等渠道收集。

②业务数据。审计人员还需要对企业的业务数据进行收集和分析，包括销售额、生产成本、库存情况等。这些数据可以通过企业的 ERP 系统、销售记录、采购订单等渠道收集。

③人力资源数据。人力资源数据可以帮助审计人员评估企业的员工情况，包括员工数量、工资福利、人事档案等信息。这些数据可以通过企业的人事管理系统、工资单、社保记录等渠道收集。

④客户数据。客户数据可以帮助审计人员评估企业的市场情况和销售风险，包括客户数量、客户类型、销售额等信息。这些数据可以通过企业的销售记录、客户档案等渠道收集。

⑤税务数据。税务数据是评估企业税务合规性的重要数据，审计人员需要收集企业的税务报表、税务登记证明、发票等数据进行评估。

⑥监管数据。监管数据可以帮助审计人员评估企业的合规性和风险，包括各类监管机构的审计报告、监管规定等。

除以上几种数据外，审计人员还需要收集和使用交易数据、文档数据、审计相关的研究报告等数据，以帮助对企业的财务情况、经营和风险状况进行全面、准确的评估和分析。

（8）审计数据看板分析的内容。审计数据看板的编制需要结合具体的审计项目和企业情况来进行，具体步骤可能会因不同的审计目标和需求而有所不同。

审计数据看板分析内容如下。

①分析审计对象的财务状况。审计发现分析的目的之一就是促进业务流程的改进，促进组织整体效率的提高。审计人员可以利用数据看板分析审计对象的财务状况，如企业的资产、负债、收入、成本、利润等方面的情况，以及不同部门、业务线、时间段等维度的数据。通过分析数据，审计人员可以发现潜在问题，并制定具体的审核重点。分析公司治理、经营管理、制度层面、操作层面的问题种类分布，销售管理、运营管理、财务管理、行政管理等管理各环节问题的分布、大型企业分支机构的管理问题分布、业务流程分布、每家机构问题、所有分支机构的共性问题、重要性水平分布等。

②监控关键指标的变化。选择与业务相关的关键性能指标，如销售额、

营收、客户满意度等，作为观察的基础。这些 KPI 将成为数据看板构建的核心指标。审计人员可以利用数据看板监控企业关键指标的变化情况，如销售额、资产负债表、现金流量表等。一旦发现关键指标异常，审计人员可以及时协调相关部门采取有效措施应对风险。审计进行组织内部控制、经营业绩、运营效率的影响和影响程度分析，通过对发现的问题绘制风险地图，为管理层提供风险决策依据；对发现问题的原因进行分析，从控制和风险的角度解释某些问题的原因，并且能分析出解决答案。一些涉及经营管理深层次的问题，由于审计人员受经营管理信息的不全、掌握以及理解政策的水平有限，也会出现无法透彻地分析出原因的情形。只有通过多次和多层面的深入了解，才能清晰地、全面真实地、全方位地了解被审计单位经营的内外部环境，从而洞悉问题发生的真正原因。

在进行整改分析中，需要关注以前年度是否出现过没有得到解决的原因，如果不止一个问题，就要分析没有得到有效整改的问题之间是否存在哪些必要的联系。是不是整改后又犯？如果某一类问题年年检年年有，审计人员不仅要分析问题本身，还要衡量评判问题的标准、制度是否合理。在整改措施、整改结果、整改期限、问责处罚上下大力气进行分析。整改不是宣导层面的走过场，而是完善制度、流程、违规资金、滞留往来款的追回等；对整改效果差和整改效果好的都要进行分析，效果差是因为流于形式，还是整改后又复发；问题得到整改的有效时间是多长时间，整改确实需要较长时间的要有专门的审计人员持续追踪，在追踪中也要根据业务发展对原来的问题进行进一步的判断和考量；如果被监管机关处罚了，而在审计检查中没有发现，是否对相关问题责任人进行问责处罚。审计发现的问题是分类后的总体、个别、局部的数量变化，重要问题的金额变化，发现问题有无重复性、重复的频率多大，在分布分析和问题分布的变化比对时，发现特点和规律，加强防范；总体分析的目的是让使用者对审计发现的问题有全面整体的了解，尤其是对于高层管理者关注的全局性、系统性问题，总体审计体现在数量、金额、问题分布、审计发现与经营管理或市场环境的变化的关联度、管理层的经营策略对审计发现的影响程度、几年间类似问题的形式新变化；例外分析时要注意哪些问题是新出现的，为什么以前没有出现而现在出现？新问题的产生和新的业务政策、财务政策调整、经营风险是否有关系？针对这些情况，审计人员要反思和总结，并提醒管理高层注意。

③交互式分析。数据看板应用交互式分析功能，审计人员可以根据需要选择关键指标、维度和时间范围，以便更好地了解企业的财务状况。此外，审计人员还可以针对特定的业务领域、地区或时间范围，进行更深入的分析。

在交互中，审计人员面对数据看板可能会遇到以下困惑。

a. 数据质量问题。审计人员需要对数据进行充分的核实和验证，以保证数据的准确性。审计人员使用的数据看板可能存在数据质量问题，数据看板展示的财务数据质量如何？数据来源是否可靠？是否包含错误或缺失？这样的问题可能会导致审计人员作出错误的判断，从而影响审计工作的准确性。

b. 适用性问题。数据看板是否适用于企业的所有业务领域？数据看板是否考虑了不同部门、业务线和地区的差异性？审计人员需要了解企业的业务特点，以便选用合适的数据看板和指标，避免出现数据不适用的情况。有些数据看板缺乏数据交互功能，如互动式数据可视化或者智能分析工具。这会妨碍审计人员更全面地分析和了解财务数据，并且也限制了他们的工作效率和判断水平。一些审计人员虽然能够使用数据看板，但是缺少对数据可视化表达的理解和经验。这可能导致数据呈现不够清晰明了，难以准确地理解和分析财务数据。

c. 人员培训问题。数据看板需要技术和业务知识的支持，审计人员可能缺乏必要的数据分析技能、财务知识、统计学等的专业知识，这会影响他们的数据看板使用效果并且导致错误判断。如果企业原本缺乏数据分析能力，则需要为审计人员提供必要的培训和支持，以确保他们能够充分使用数据看板进行工作。

d. 隐私保护问题。审计人员需要认真对待数据看板所呈现的数据，充分核实和验证数据的质量和适用性，并且具备相关的技术和业务知识，以保证数据看板的有效性和可靠性。审计人员还需要关注隐私保护问题，确保涉及个人和企业机密的数据得到充分保护。数据看板展示的财务数据是否涉及个人和企业机密？如何确保数据的隐私和安全性？审计人员需要了解企业的安全政策和法规，以避免泄露敏感数据。处理敏感信息时，一些数据看板缺乏必要的数据安全机制，如数据加密或权限控制等。这样的问题可能导致重要的财务数据泄露或者被不良分子利用。

　　需要注意的是，虽然数据看板可以帮助审计人员更好地了解审计对象的财务状况，审计人员的数据看板也存在数据质量、可视化表达、数据交互、数据安全和专业知识不足等问题。需加强相关培训、提高专业素质，完善数据看板的设计和实现，以提高数据看板的使用效果和准确性。但数据看板只是工具，审计人员仍需进行有针对性的审计工作，包括了解企业经营和管理情况、收集证据等，以保证审计工作的准确性和有效性。

专题二

大数据和政府审计协作机制研究

数据资产已成为当今信息时代最重要的战略资源之一。2019 年，党的十九届四中全会首次将数据与土地、劳动力、资本、技术并列作为重要的生产要素。《2019 年中国大数据产业发展白皮书》提出"政府数据资产管理与应用将成为接下来的行业关注热点"。2021 年，《中华人民共和国国民经济和社会发展第十四个五年规划和 2035 年远景目标纲要》进一步明确提出，要建立数据资源产权、交易流通、跨境传输和安全保护等基础制度和标准规范，推动数据资源开发利用。政府数据资产被作为生产要素纳入市场化运营体系必将成为未来发展的重点，其中，开放许可、价值评估、市场交易机制、成本收益、安全隐私等问题势必成为关注的焦点，相关的监管研究也亟须正视和亟待解决。国家审计作为我国经济监督的重要手段以及国家治理体系中的一项基础性制度安排，在政府数据资产监督管理中发挥着至关重要的作用。大数据国家审计协作治理机制的研究具有重要的现实意义。

一、大数据国家审计概述

（一）大数据国家审计的理论基础

1. 数字生态理论。数字生态理论旨在构建一个绿色、安全、公平、开放、富有责任的生态系统。数字生态体系注重各个组织之间的权力平衡和风险防范，强调风险管理和信息安全管理（胡海波，2021）。从组织管理和风险防范两个层面来讲，国家审计本身是对国家权力的一种约束机制，它不仅在政府数据供给服务和需求方之间充当"经济督察"的第三方鉴定角色，保障数据安全，还能够将生态系统中各种不协调、不适配甚至可能发生冲突的关系纳入权力制衡监管体系，对相关问题进行调整和纠偏，以实现数字生态系统的健康有序发展。因此，在数字生态理论下，国家审计是对政府数据实施监管的必然要求。

2. 协同创新理论。协同创新理论是指跨平台、跨领域、跨界融合多学科、多部门之间的协同创新，以应对和解决数据利用中发生的不确定的复杂性问题（陈劲和阳银娟，2012）。它强调各方通过利用最优资源相互配合协作，实现总体利益最优。在政府数据资产监管中，国家审计能够对各个领域提出优化改进的审计建议。通过国家审计第三方审计建议，各个领域可发挥最佳优势，从而实现职能优化、系统匹配的良好互动、监督反馈关系，通过合作创新组织方式提升政府数据资产监管水平。因此，在协同创新理论下，国家审计对政府数据实施监管，并采取协同优化措施。

3. 数据治理理论。关于数据治理理论，目前有种观点：一是数据治理构成观，其强调对以数据的获取、挖掘、分析、共享、交换、应用等为治理对象的治理能力，并将其视为国家现代化治理能力的重要组成部分。二是数据治理驱动观，其旨在推进政府数据建设，优化政府管理和决策程序的政府数据治理能力，是推动国家治理能力现代化发展的治理工具（安小米等，2021）。国家审计作为国家治理的必要手段，无论是从数据治理构成观还是数据治理驱动观来看，它都是国家治理和信息管理的重要组成部分，同时能够充实、优化数据资产治理权力体系。因此，在数据治理理论下，国家审计对政府数据资产实施监管提出了现实要求。

（二）研究现状

与大数据政府审计相关的研究主要集中在管理视角、审计与数据资产方面。

在管理视角方面，国外学者发现政府数据资产在实现价值的过程中出现了一系列的问题，如政府数据资产的权属问题（Banterle，2020）、垄断问题

（Wagner，2015）、流通问题（Haggart，018）。因此，政府数据资产监管研究越来越得到重视。但相关研究不够深入、全面，一些学者认为隐私保护、数据监管（Sexton et al.，2017）、政府数据资产管理平台建设是必要的。国内学者也发现政府数据资产在利用过程中会出现如权属不明、隐私泄露、缺乏数据标准（刘江荣等，2019）等问题，因而较为深入地构建了政府数据资产管理框架，代表性的观点有：宋晶晶（2020）提出了建设政府数据中心、完善政府数据资产管理标准规范、创新政府数据管理应用机制和建设政府数据资产管理人才队伍四条实施路径；夏义堃和管茜（2022）提出了构建前端控制流程、关键管理活动、价值实现路径和可信数据生态体系四位一体的政府数据资产管理框架。

在审计与数据资产方面，国外学术界早期就数据资产框架探讨了如何在数据资产中实现审计，我国学者卫军朝和蔚海燕（2016）认为，国内机构可借鉴国外数据资产框架以避免在审计时产生错误和遗漏资产信息，这为数据资产审计提供了一定的思路。在国家审计方面，国外几乎没有相关研究，我国学者前期研究大多集中于如何通过大数据提高项目绩效审计，如企业基本养老保险待遇审计（邱玉慧等，2014）、政府环境责任审计（马志娟和梁思源，2015）、政府采购审计（鲍朔望，2016）等，后期研究则关注如何进一步构建审计信息化标准（倪敏等，2020）、树立大数据审计思维以治理不同类别的数据风险等（张悦等，2021）。在政府资产方面，有不少研究发现国家审计能够监督政府公共投资（邓大松等，2019）、地方债务（崔雯雯和张立民，2021）等，并对国有企业内部控制（王美英等，2019）、财务风险（陈颖琛和郑石桥，2022）高管腐败（池国华等，2021）、经营绩效（张曾莲和赵用雯，2019）等产生明显的外部治理效应。

（三）大数据审计的内容

1. 强化审计监督功能，推行政府数据资产全覆盖审计。2015 年 12 月，中共中央办公厅、国务院办公厅印发《关于完善审计制度若干重大问题的框架意见》及《关于实行审计全覆盖的实施意见》等相关配套文件，明确提出了审计全覆盖的要求。在保证国家审计全覆盖的情况下，针对政府数据资产覆盖范围较为广阔的特点，国家审计可以分行业、分阶段确定政府数据资产审计重点，实现关键事项的审计渗透，以及政府数据资产全覆盖审计，同时，将政府首席数据官（CDO）作为政府数据资产整改的第一责任人，建立考核评价制度，明确审计范围、审计方式以及问责主体，对政府数据资产查出的问题进行督促整改，从而更好地发挥国家审计监督职能。

2. 构建政府数据资产清单审计制度，建立数据资产专项审计报告体系。2021 年，《广东省公共数据管理办法》《江西省公共数据管理办法》等多个省市的相关文件中都明确提到了建立公共数据目录和公共数据分类分级制度。因此，建立政府审计资产清单审计制度具有一定的可行性和必要性。第一，须进一步厘清政府数据资产主体范围，其既包括政府政务部门，也包括提供公共服务的企业，同时围绕主体、行业、服务类别进行分类细化，并进一步梳理数据资产可用类型、功能、使用权限等；第二，明确政府数据资产原始数据、初级产品、半成品及产成品，对政府数据资产价值评估即公允价值进行认定，其中，须特别注意相关产品对应政府数据资产加工、增值、处置等各环节的会计核算，并建立政府数据资产相关配套的硬件资产清单、软件资产清单，以及整个流程采集、使用、产生、管理的数据资产清单等；第三，建立数据资产专项审计报告体系，客观真实地反映政府数据资产经济责任履行情况。

3. 围绕政府数据资产市场运行，建立风险导向国家审计体系。政府数据资产市场化运营是未来的发展趋势，市场价值预计上万亿元，以国内首个国家大数据综合试验区贵州为例，2022 年，《关于支持贵州在新时代西部大开发上闯新路的意见》明确了贵州建设数字经济发展创新区的战略定位，要求贵州"推进数据确权，推动数据资源化、资产化改革，建立数据要素市场化配置和收益分配机制"。在市场运营下，风险导向审计是大势所趋，政府数据资产在市场运行、交易的过程中可能存在一定的市场风险，国家审计机关利用大数据技术，建设政府数据资产风险控制环境，建立政府数据资产业务信息体系，从各个方面采集政府数据资产信息，以政府数据资产市场风险为导向，关注相关经营风险、市场风险，同时通过云计算、人工智能等信息分析技术挖掘海量数据资产信息，减少重复审计，降低审计成本，提高挖掘分析效率，从而实现审计线索筛查和风险预警。此外，还可以通过内部数据与外部监管部门（如金融监管部门、税务部门等）数据的交叉比对分析，核实数据资产的真实性、完整性，对风险点予以警示，实现风险可控。

4. 构建审计信息平台，实现各部门协同配合。2015 年，中共中央办公厅、国务院办公厅印发的《关于完善审计制度若干重大问题的框架意见》及相关配套文件明确提出，构建国家审计数据系统和数字化审计平台，积极运用大数据技术，加大业务数据与财务数据、单位数据与行业数据，以及跨行业、跨领域数据的综合比对和关联分析力度，提高运用信息化技术查核问题、评价判断、宏观分析的能力。政府数据本身具有分散性，数据的有序化、标准化处理可以有效推进政府数据资产的流通交易。国家审计信息平台是对数据资产标准化实施有效监控的重要载体，可构建各行各业信息中心数据库。

（四）大数据政府审计的重要意义

一是法定性和独立性，《宪法》《审计法》赋予了国家审计高层次经济监督职能不受其他行政机关干涉；二是经济监督性，国家审计能够对政府数据资产进行"经济体检"，具有更强的专业性；三是全面性，2021 年审计署就提出以审计全覆盖形成常态化、动态化震慑，政府数据资产管辖范围极为广泛，国家审计可以对提供公共服务的机构、企事业单位乃至其他监督体系的数据资产进行审计，真正实现政府数据资产全覆盖；四是国家审计公告制度，可向公众权威性地、专业性地披露政府数据资产情况，接受社会公众监督；五是强制性，国家审计对查出的问题具有跟踪检查、督促整改的法定权力；六是审计方式多样性，除了财务审计，国家审计还能通过连续跟踪审计、制度合理性审计、内部控制审计、经济责任审计、投资审计、安全审计等多种审计方式，对政府数据资产投资、管理等关键环节实施监察，预防风险发生，从而达到政府数据资产全流程监管的目的。由此，国家审计是推动建立健全政府数据资产监管长效机制的必要保障手段，在政府数据资产监管中具有不可或缺的地位。

二、大数据政府审计的框架

政府数据资产监管框架包括七个方面：重构组织结构顶层设计、加强数据安全审计、厘清政府数据资产清单、建立政府数据资产专项报告体系、明确政府数据资产管理活动关键环节、明确政府数据资产交易活动关键控制环节和完善政府数据资产监督机构体系。

在国家审计实施监管的路径与作用方式上，提出推行政府 CDO 与国家审计联动机制、建立专项数据安全国家审计机制、建立健全政府数据资产会计审计制度、完善新基建审计机制四个方面的建议。

采用"联合治理"的组织模式构建政府 CDO 制度，设立政府 CDO 委员会，并在政府单位、国有企业、国家审计机关等政府部门下设政府 CDO，从而促进各行业、各单位数据标准的建立，实现跨平台部门之间信息的充分交流。政府 CDO 作为该报告第一责任人，负责出具政府数据资产情况报告，国家审计机关结合自设 CDO 对政府数据资产情况进行审计并出具审计报告，实现动态监督—反馈—整改机制，从根本上解决专业性壁垒导致的监管盲区和数据利用率低的难题，并最终实现由政府 CDO 委员会和国家审计机关统筹团队合作、共建权力约束体系。

《数据安全法》第二十四条明确规定，国家建立数据安全审查制度，对影响或者可能影响国家安全的数据处理活动进行国家安全审查。从而使数据安全审计工作有法可依。

国家审计对政府数据实施监管的作用方式是以业务融合、技术融合、数据融合为基础，以政府数据资产生命周期为依据，国家审计通过前端平台、入库管理、经营活动、经济后果四个方面，运用不同审计方式达到监管政府数据资产的目的。前端平台主要是指政府数据资产管理平台，可以理解为数据资产的"库装箱"，由基础信息设施和信息软件组成，因此采用投资审计、固定资产审计、IT 审计等方式。在入库管理方面，主要涉及政府数据资产存货管理，需要梳理政府数据资产元数据库、半成品数据资产、产成品数据资产，因此，相关审计关键环节主要包括元数据库盘点、成本核算审计、政府数据资产清单建立、政府数据资产情况审计、入账估值合理性审计等。在经营活动方面，主要包括政府数据资产交易活动和管理活动两个层次，其中的交易活动涉及市场交易、开放许可等问题产生在业务流程审计、连续审计、安全审计等审计环节；主要涉及管理人员道德风险、管理内部控制、管理制度、管理政策等的管理活动需要经济责任审计等人员责任落实的相关审计环节；与经济后果相关的政府数据资产后续会计计量、利益分配等值得关注的问题要注意会计处理审计、会计利润审计、纳税调整审计、信息披露审计、合规性审计等环节。

推行政府 CDO 与国家审计联动机制，建立政府数据资产专项报告体系。相较于其他数据管理体系，政府 CDO 制度在基础数据资产存储到数据价值预测及开发等方面都具有更强的专业性，并在数据资产的配置、整合以及利用等实践方面已经取得了一定的效果。无论是美国 2018 年发布的《开放政府数据法》还是英国颁布的《数字化转型战略 2017～2020》，都从法规制度层面赋予了政府 CDO 权威性和合法性。我国已有部分省份引进政府 CDO 制度并进行试点，但在政府数据资产治理架构尝试上还远远不够。政府 CDO 作为政府数据资产报告的第一责任人，应审计其经济责任履行情况，建立政府数据资产专项报告体系，以避免权责不清、虚假整改的情况。应大力推行政府 CDO—国家审计联动机制，使政府 CDO 在强化专业数据管理职能的同时，与国家审计等其他监管部门协同联动，从而形成职责分工明确、权力责任有效约束的政府数据资产治理体系。

建立专项数据安全国家审计机制。2021 年 11 月，中国网络和数据安全的有关监管部门拟建立"数据安全审计制度"，该制度与财务审计制度类似，以固定时间为周期，由第三方专业机构对数据安全等情况进行审计，并出具相关审计报告。在借鉴国内外经验的基础上完善数据安全国家审计机制，国家审计机关可将数据安全审计作为专项审计类型，建立专项数据安全国家审计报告，保障数据安全。

建立健全政府数据资产会计审计制度。虽然普华永道会计师事务所 2021 年发布的《数据资产化前瞻性研究白皮书》和中国信息通信研究院发布的《数据资产化：数据资产确认与会计计量研究报告（2020）》对数据资产会计确认和计量提出了具体思路，我国学者张鹏和蒋余浩（2020）、邬瑜骏和曲晓辉（2022）也对政府数据资产计量、相关权属定价等问题展开了讨论，但相关的会计准则规范仍待建立。此外，审计署发布的《审计署关于计算机审计的暂行规定》中虽然对大数据审计方式、方法作出了相关规定，但是政府数据资产审计准则和相关法律法规还不够明确。我国政府数据资产会计审计准则尚处于探索阶段，在政府数据资产监督处理上，应建立健全会计审计准则，满足当下数据资产市场的需求和发展，制定适应我国国情的政府数据资产法律法规依据。

完善新基建审计机制。2018 年中央经济工作会议首次提出"加快 5G 商用步伐，加强人工智能、工业互联网、物联网等新型基础设施建设"；2020年初，国务院常务会议首次明确提出要"出台信息网络等新型基础设施投资支持政策"。数据是关键的生产要素，与信息通信技术相关的基础设施、融合基础设施、创新基础设施的新基建建设都将成为数据资源转为数据资产的强大动力。数据中心、云计算、工业互联网、人工智能、5G 技术等新基建建设为数据资产传输、存储、计算处理等提供了一体化服务，是使数据成为生产要素的关键，是生产力和生产关系的再塑造。国家审计应当充分意识到新基建的重大战略意义，充分发挥审计监督的建设性作用，健全新基建审计机制，加大对新基建重点建设项目的审计力度，促进项目规范、有效运行，助推新基建战略的实施。

三、大数据政府审计协作机制的运行机制

伴随着科学技术的发展和网络技术的日新月异，高速的网络时代促进了社会的信息化，随着公司和企业建立信用信息系统的数量不断增多，数据的积累已呈海量之势，这些系统和数据是用于数据分析的数据仓库和数据挖掘的必备基础，也是政府和企业的日常运作及决策的保障和依据。所以准确、无误、可靠、真实的高质量的数据，在正确的结论和决策中起着关键性的决定作用，对数据清洗和数据比对的数据质量的要求就成了重中之重。

1. 数据的标准化欠缺。各企业建立的信息化系统都是以本单位有关的部

门或本机构为中心，数据存储结构和组织方式上有很大不同，各部门业务系统没有统一平台，技术水平的千差万别使信息化程度水平各异，互不连通造成信息无法交互的信息孤岛在各部门系统之间出现，造成政府部门和企业的数据的准确性、完备性、一致性不能得到有效的保证。

2. 动态数据质量难以保证。政府大量的信用信息都按照不同的格式分散地存放在企业、银行、公安、工商、质检、税务、海关和司法等政府部门的不同数据库，信息共享和互联相对困难，查找和处理信用数据都需要人工排查、录入，造成财力、人力和时间的巨大成本。在信息系统中，数据由于业务系统的相对独立、客户拼写错误、语义不一致、表示形式的不同和录入错误等原因会造成彼此的不一致，这与政府和企业要求建立动态库以满足业务的未来需求所要求的高质量数据具有很大的差距和难度，低质量的数据造成了政府和个人信息使用的不方便，也给政府和企业的决策和管理活动带来了诸多不利影响。数据共享既能保证部门间数据的一致性和准确性，也能保证部门间数据的有效性和信用性。

四、大数据政府审计协作机制的动力机制

大数据政府审计协作机制的动力机制发挥作用主要集中在管理者怎么去做，尤其对于新技术的到来，大家的理念、意识都不到位，工作如何开展面临一定的难度。动力是一种能量，它支撑着每个人的进步，在克服困难、自我激励中追求目标的实现。如果畏难想不做、害怕失败不敢做、出了问题就不想再做，这都是动力机制出现了问题。

不作为和慢作为是服务型政府下的顽疾。政府是公共利益的代表，政府的主要职责是实现和保障社会公正。服务型政府就是满足社会公共需求，提供充足、优质公共产品与公共服务的现代政府。在服务型政府下的国家公务人员的行政不作为将会涉及公民的切身权益的保障，容易滋生腐败，也在一定程度上侵犯了社会合法利益。公司治理是国家治理现代化的微观实践，企业职能部门的人员不作为和慢作为也会影响企业利益的实现、公司运作的良性运转。没人愿意干的工作该不该做？干好和干坏一个样要不要花精力干好？

没人做过的工作是不是出点错就一棒子打死？协作中的运行机制（怎样协作）、动力机制（考核机制）、约束与保障机制（容错机制）的建立，都给作为公司治理和企业体检的重要组成的内审部门提出了必须面临的严峻考验和现实抉择。

企业需要从制度机制上完善追责处罚程序，让这种不作为、慢作为的干部有所敬畏。同时，在处罚问责的时候还要做到三个区分，保护干部员工的创造性和开拓精神。

五、大数据政府审计协作机制的约束机制

（一）大数据政府审计共享政府信用信息大数据

大数据政府审计共享政府信用信息的大数据非常重要。关于政府信用信息的大数据建设的协作内容包括以下五个方面：

（1）建立对行政审批系统生成的数据进行实时监察的网上监察系统，监察政府行政承诺、政务公开的实现程度和对部门信用进行评价。

（2）建立采集、整合政府各部门的政府信用数据交换系统，有效实现政府各部门政府信用信息互联共享。

（3）建立政府职能部门的信用档案数据库，将其守法守信情况作为考核的辅助支撑材料。

（4）研发与国际上流行的信息分析处理技术相匹配的信用评价指标体系，对各级政府及其所属部门的信用状况进行分析客观评价。

（5）制定政府信用管理制度、数据标准、技术标准和安全标准。对信用平台及其信息的安全要高度重视，运用物理和逻辑隔离、网上身份认证、电子签名、病毒防范、安全审计、安全加固、漏洞扫描、Web 防篡改、入侵检测等安全措施。比对流程包括身份一致性比对和数据一致性比对，这些比对中都包含基准数据流程的比对和非基准数据流程的比对，其中，基准数据流程比对形成基据和基准规则信息，非基准数据流程形成非基据和非基准规则信息。

（二）大数据审计与其他监督的协作

按照党中央和国务院的要求，审计机关在持续推进审计全过程覆盖，建立科学有效的权力运行制约和监督体系已初见成效。但实际推行中限于审计资源有效整合和共享缺乏、审计技术方法的先进性欠缺、审计组织模式创新力度不足等原因，阻碍了审计全过程覆盖，也影响了审计监督与党内监督、其他监督贯通协调。为了最大限度发挥协同监督的总体效能，可以用中央审计委员会治理模式做蓝本，以数字化协同作支撑，实现审计"应协同尽协同"，让审计治理模式由"行政型"向"审计委员会治理"模式数字化转型，从而实现监督资源高效整合。

专题三

大数据和注册会计师审计协作机制

在大数据时代"大智移云物区"等数字技术持续为数字经济赋能助力的背景下，传统的审计模式受到冲击，审计人员面临着工作重心转移和思维的转变。会计核算、盘点和数据的采集等重复性高、可标准化的基础性审计工作可以由人工智能完成，审计人员将从这些繁杂、可替代性的工作中解脱出来，而转向依靠职业判断的工作。审计师、会计师事务所、注册会计师协会、国内外监管机构协同等都经历着一场深刻的变革。中小会计师事务所能否承受引入数字技术前期较大的投资成本，来自被审企业的阻力和企业员工、审计业务的复杂性都是随之而来的巨大挑战。

一、对大数据注册会计师审计协作机制研究的必要性

（一）大数据的定义和特点

大数据审计是指依据人工智能、生物特征识别、大数据、云计算等新一代信息技术嵌接审计机构、审计专业人员工作的审计业务中，形成全域覆盖、随遇接入、时空一致、稳定高效、安全可靠、连续精确的态势感知的信息交互平台，实现信息共享和智能审计。它的特点是实时动态可视化、传输视频、语音、数据等多媒体信息的智能化网络体系和实施精细化智能管理。

（二）大数据在注册会计师工作中的优势

由于目前审计大多是风险导向型审计，审计方法以抽样为主，通过分析样本数据，进而推断审计主体整体的财务状况，这种方法有很多限制因素，容易使审计结果产生偏差。大数据技术应用于审计工作中，不仅能快速高效地处理大量数据，而且能利用机器学习、数据挖掘等大数据分析方法，发现潜在风险点，提高审计工作的准确性，降低信赖过度和误受风险。引入大数据审计手段后，通过建立 MySQL 关系型数据库管理系统，对审计对象的财务报表、科目余额情况等财务工作账套类结构化数据进行合并、统计、分组；通过运用 K – means 算法，根据相似性对数据进行聚类分析；通过运用主成分分析法（PCA），借助正交变换对数据进行降维，使审计程序变得简单。

1. 人工智能技术有助于保证注册会计师审计结果的准确性。人工智能以机器学习为首的关键技术向驱动图像分类和机器翻译方向发展，计算机对海量的数据进行识别、分析和分类；加入企业经营情况的变量作为考虑因素，预测审计结果；通过建立神经网络，构建相互连接的数据层，对基础财务审计工作进行深度学习，从图像文本、数据资料中智能提取有价值的财务图表；通过引入人工智能视觉模块，对文档、物体、场景进行智能化标注和分类归档。

2. 有效实施事中审计。在移动互联网审计中，审计师可以通过经授权的移动终端对企业进行事中审计，所有的审计记录和访问记录都将被存储。

3. 通过云计算进行远程实时的资产和收入的确认、划分与计算。云计算使云审计、实时审计、远程审计成为可能。审计师可以借助云计算高效快捷地实现对客户资产的确认、对收入的区分、整理分类、数据核算等工作，提高运算速度和审计效率。

4. 通过物联网实现存货数量即时盘点。在物联网审计中增加了核实、跟踪、信息功能的审计取证的方式，审计师在进行存货盘点时，得益于电子标签（RFID）技术，只需用无线射频识别（RF）盘点枪对贴在物体上的电子标签（射频标签）进行扫描，电子标签与阅读器之间就会通过耦合元件实现信息的传递和交换，从而完成对存货数量和状态的快速盘点，代替了传统

"导入导出式盘点"的手工方式；审计师在判断信息真实性时，利用物联网技术中的 GPS，可以通过对比选定区域资源环境的变化，计算出挖填土方的体积，实现建筑工程中的工程量审计；安永全球审计数据平台 EY Canvas 接入了由物联网传感器网络驱动的资产追踪平台，可以实时盘点分析库存数量。

5. 通过区块链提高了数据的完整性和可靠性，强化了对会计师事务所的监管。在去中心化过程中可增加区块链生成及交易验证的节点和数量，并将其分散地储存在网络中，在提高可拓展性过程中加快处理交易数量的运行速度。利用区块链去中心化的特点，审计师可以从任何节点获取完整可靠的数据；利用区块链的时间戳功能可以记载交易行为不可篡改的发生时间，审计师可以获取真实可靠的审计证据；利用区块链的智能合约约束信息披露的内容和时间，政府和行业协会可以更好地对会计师事务所进行监管。

二、大数据对注册会计师审计产生的影响

1. 数字经济的发展使注册会计师的工作理念发生了转变。张凤元等（2016）提出将人工智能应用于审计。李庭燎等（2022）运用 CiteSpace 软件对相关主题文献进行了分析，发现智能审计的研究已从萌芽状态逐渐成熟，相关主题文章的发表数量呈上升趋势。杨寅等（2022）表示组织因素是数字时代注册会计师能力提升的最关键因素，政府、行业协会及会计师事务所的协同参与有助于数字时代注册会计师行业服务能力的提升。刘杰和张梦艺（2017）针对我国信息系统审计规范制定模式，提出了同时采用"财务审计导向"和"业务审计导向"的思路。智慧审计本质是以"人"为核心的数据化审计，大数据环境下全息交互智慧审计体系有效融合了审计人员的智慧，使审计方法、审计判断、审计思路发生了转变，整体效果显著（汪芳，2022）。

2. 数字经济的发展使注册会计师的工作内容更加丰富。跨领域、高技术是大数据审计的特点，审计知识、业务领域和计算分析是大数据审计面临的关键挑战，审计实践路径中的知识利用呈现出由"审计"转向"业务"、由"业务"深入"计算"，并最终回归"审计"的往复过程（邱玉慧等，2022）。

3. 数字经济的发展对注册会计师的工作能力提出了新的要求。秦荣生

（2014）指出，在数字经济下，审计师扮演了数据审计师的角色，应具备大数据分析和预测的评估能力。刘襄生等（2022）指出，数字经济已成为经济高质量发展的新引擎，注册会计师行业要充分发挥善于获取数据、分析数据和运用数据的专业优势，为企业提供专业服务及智力支持，以帮助企业应对技术变革和商业模式创新带来的影响。程平和王绪冬（2018）提出，可以依据 ADDIE 模型，从分析、设计、开发、实施、评估五个方面构建大数据智能审计能力培养框架。

三、构建大数据注册会计师审计体系

大数据审计的信息技术采用包括自然语言处理、数据挖掘技术和共享数据库的区块链。它们都与审计需求相契合，同时，大数据审计下注册会计师工作也发生了很大的变化。

1. 抽样审计转向全面审计。基于风险导向型审计，当企业本身的固有风险和控制风险比较高时，注册会计师应尽量降低检查风险。注册会计师目前采用的抽样审计方法，受时间和人力限制，抽取的样本存在一定局限和偏差，导致其可能会忽视一些业务活动、在实质性测试中因样本选择产生误拒误受风险、无法及时识别和发现被审计单位的重大财务舞弊行为。抽样审计是局部审计，详细审计是全面审计。云计算、大数据等数字技术的发展使全面审计成为可能。通过对数据跨行业、跨企业的全面收集和分析，对被审计单位所有数据进行多角度、深层次的分析，在规避审计抽样风险的同时还可以发现隐藏在细节数据中对审计问题更具价值的信息。除此之外，智慧审计可以提供更多精确而丰富的审计证据，审计证据来源的增加为绩效审计的开展创造了机会，基于大数据技术的社会网络分析可以帮助注册会计师更好地从纷繁芜杂的数据中发现隐藏的信息。通过 IT 技术采用总量审计模式成为可能，抽样审计转向全面审计和详细审计。

2. 数据管理实现智能化。审计管理重心发生转移，审计管理变得更加智能化、信息化。随着数字经济的不断发展，注册会计师可以通过建立大数据平台对审计工作进行实时监督，随时考核审计方案、工作底稿和审计报告。

在大数据时代，对账、核查以及数据的存储和检索等复杂且重复的传统审计工作将由人工智能处理，而数据的深度分析、价值判断和选择数据处理工具等需要职业判断和高情商工作将由注册会计师负责。云审计平台的出现要求从业人员具备更强的互联网计算机能力。在云计算平台上开展审计工作时，注册会计师需具有全新的审计思维，更加关注审计环境，构建相适应的审计模型，保证审计结果的可靠性和准确性。

3. 从纸质文件转向电子数据核对。财务共享服务中心的发展也使注册会计师的审计工作发生了变化。对于注册会计师而言，财务共享服务中心的费用报销流程具有通过光学识别（OCR）技术将发票、行程单等报销凭证上传后由系统自动查重验真的功能，注册会计师不必再使用纸质文件重复核对验真，可节约大量时间和人力；原始文件的收集、扫描、审核、归档都在系统中完成，注册会计师可以利用财务共享服务平台统一管理的财务数据，开展"云审计"工作，通过非现场审计的形式来应对突发情况；注册会计师在客户财务共享服务中心进行财务报表审计。

四、构建大数据注册会计师审计、政府审计和内部审计的协作机制

（一）大数据注册会计师审计、政府审计协同

政府审计和接受政府委托的注册会计师审计借助智慧审计平台实现信息共享。在注册会计师审计和政府审计共享信息的关联分析结果基础上，从缩小范围的相关性结论中走向因果性分析，最后依靠审计人员的现场经验进行核查、揭示、查证。

（二）大数据注册会计师审计与内部审计的协作

普遍存在的内审机构问题是人员缺乏、能力不足、资金短缺。业务外包成为有效弥补审计人力不足的工作方式。内审业务外包的缺陷是中介机构对

单位内审部门情况缺少了解，容易出现企业和事务所双方均不满意的尴尬局面：企业抱怨项目审计效果未达预期、花了钱没办好事；事务所审计团队抱怨企业审计部难伺候、出力不讨好。造成这些问题的原因一种是基于以往对于企业的服务经验、与企业管理层的良好关系而选定，未充分考虑其胜任能力；另一种是基于市场化招标选定，双方在前期缺少良好的沟通，难以取得信任，导致项目实施中出现大量问题。因此，外包审计团队的科学选择是内审外包业务质量保障的关键。

内审外包的协作机制要依赖政策法规的保障，使运行机制完善的解决办法是"归纳法律法规，弥补政策缺项，统一门槛标准，强化监督检查"。这样一来，动力机制的完善就显得尤为重要。内审外包能充分融合内部审计和外部审计的优势。内部审计的优势在于熟悉企业的业务和管理流程，而外部审计的优势在于独立性和专业性更强。从独立性角度来说，外部审计对发现的问题能一针见血地提出和披露，而企业内审发现问题时总是瞻前顾后，犹抱琵琶半遮面，想说的很多，能说的很少。而内审外包要达到双方取长补短、优势互补之效果，内部审计部门在其中的协调作用是关键。内部审计外包化为外部审计业务领域的拓展打开了一扇门。内审外包不成功的原因多种多样，究其原因主要是外审人员的思维方式以鉴证为主，自身的专业和企业经验受限，沟通时也是鸡同鸭讲。所以，要想内部审计外包化获得成功，需要外部审计人员提升自身素质、提高自身认知、总结经验教训。内审外包有利于内审人员借势借力，内外审计相互取长补短，对于内审人员不多的中小企业尤为适用。内审业务外包可以充分利用外部审计的专业性，但是外包时内审人员也不能完全做甩手掌柜，仍然要对外审的结论负责。

工作中如果用双赢思维代替零和博弈，会发现别有洞天。项目成败的关键在于人，加强沟通、选择好审计团队，项目就成功了一半，否则项目就寸步难行。内审外包难在它不像财报审计那样标准化，有一些企业个性化的内容，外部审计人员没有了解透，所以达不到企业的管理预期。有时候，内部审计部门选择好的审计团队，在确定团队后需要对外包部门进行培训，在审计过程中与外部团队保持紧密沟通，这样才有可能达到比较满意的结果。选择内审外包和选择好的审计团队，真的非常重要，专业的审计团队有大量的工作经验、行业经验和及时发现问题并解决问题的经验，只要企业内部与审计团队做好充分的沟通与协调，选择内审外包更加有利于问题得到充分、有效的解决。选择一个好的审计团队、做好有效沟通、保持审计的独立性是三大核心要素。对于大中型国有企业来说，将部分内审职能外包是一种明智的选择，对于内部审计任务不多的中小型企业而言，内审外包可能是最佳选择。选好内审外包的审计团队，要提前做好计划、注重业务能力、商务标段与技术标段进行合理的赋分结构，不要吝啬花钱。

（三）注册会计师、政府审计和被审企业协作机制

注册会计师、被审企业和国家审计之间存在着密切的协作关系。三者协作关系体现在合作、监督、意见和建议四个方面：注册会计师和被审企业之间需要密切合作，共同完成审计工作。被审企业需要提供注册会计师所需的财务报表和其他相关信息，而注册会计师需要依靠这些信息进行审计；国家审计机构对注册会计师的审计工作进行监督，确保其独立性和公正性，与此同时国家审计机构也会监督被审企业的财务活动，以保障企业的合规性和财务透明度；注册会计师在完成审计后，会向被审企业和国家审计机构提供审计报告和意见。被审企业可以根据注册会计师的建议，改进财务管理和内部控制制度。国家审计机构则可以根据审计报告，采取相应的监管和指导措施。总而言之，注册会计师、被审企业和国家审计之间形成了一个相互合作、监督和建议的协作关系，旨在确保财务信息的准确性、合规性和透明度。政府委托注册会计师主要进行审计工作。具体来说，注册会计师会被委托进行企业的财务报表审计，以验证企业的财务状况和经营情况的真实性和准确性。审计过程中，注册会计师会根据相关法律法规和审计准则，对企业的财务记录、账簿、报表等进行审查和验证，并发表审计报告，向委托方（通常是政府）提供审计意见和建议。审计的目的是确保企业的财务信息的真实性、准确性和可靠性，维护市场秩序和公众利益。

1. 注册会计师审计背景。2016 年 11 月 7 日，新版《民办教育促进法》颁布的意义是把我国民办教育事业引入依法管理、依法发展的法制化轨道。截至 2017 年 9 月 1 日，辽宁、吉林、湖南、河北、江苏 5 个省份相继出台配

套的政策法规条令，但大部分省份仍处于政策学习、积极推进的状态之中。2018 年 3 月 19 日，浙江省财政厅和浙江省教育厅关于印发了《浙江省民办学校财务管理办法》的通知。2018 年 12 月 29 日，最新修正案进一步完善了对民办学校的相关管理制度，包括加强民办学校党的建设，完善民办学校法人治理结构，建立相应的内部监督机制，并通过建立民办学校信息公开和信用档案制度，加强对民办学校的行政监督和社会监督等。注册会计师审计在依法办学、公平竞争、监督有力的发展环下，审计成果有助于保证民办学校的健康发展。杭州市审计局在 2019 年上半年对杭州市民办教育发展情况进行了专项审计调查，出具了《关于杭州市民办教育发展情况专项审计调查结果的公告》。

2. 分析结论。会计师事务所作为"经济警察"和资本市场的"看门人"，首先要有政治觉悟，能够拒绝诱惑，努力发挥好独立第三方的作用，取得被审计单位的信任与尊重。发现问题只是第一步，解决问题才是硬道理，同时这也是注册会计师专业胜任能力的综合体现。审计工作很多时候取决于细节，抓住了蛛丝马迹，顺藤摸瓜就能抓住问题的关键。一张泛黄的档案让审计组有了重大发现，最终成功地获得委托方的褒奖。

文本信息的重要性在于可追溯性。上市公司的年报管理层讨论与分析（MD&A）文本部分包含很多与公司历史、当下以及未来发展相关的重要信息，在 MD&A 中有传统的财务信息以及与公司发展战略、所处行业格局、风险相关的文本信息。借助机器学习的语义分析对年报 MD&A 文本部分的会计文本信息采取相应的处理，将年报文本"打碎"形成词袋（bag of word），提取年报里的情绪词汇，分析不同类型词汇出现频率，便可提取出文本的语调信息，利用公式对管理层语调进行度量。发现问题只是第一步，依据人工智能对跨地区、跨系统、跨年度的巨量电子数据进行实时挖掘分析，有助于有效识别系统性风险。

3. 加强协作机制的具体措施。

（1）加强国家政策的支持和引导。政府及相关部门应当在政策方面发挥支持和引导作用，激活人才引擎，提升治理效能。第一，立治有体，施治有序。从国家层面制定引导性政策，推进审计数据标准体系建设。当前还存在着审计师应当遵循的审计工作流程与方式方法缺乏明确规范的问题，政府及相关部门应发挥"引路人""指明灯"的作用，为大数据背景下的审计组织和人员提供开展工作的依据。完善审计制度的同时要强化智慧审计思想，推动数字经济稳定健康地向好发展。第二，资源共享，数据开放。政府掌握了绝大部分可利用、可开发的数据资产，有关部门应当通过整合共享政务信息资源，由内而外开放数据。信息基础设施建设是审计信息化的"高速公路"，唯有支持与开展信息基础设施建设，才能激发市场活力，为企业数字化转型提供支持。第三，国以才立、政以才治、业以才兴。我国政府应制定有关数字化审计的人才培养与激励措施，在深入实施科教兴国、人才强国战略的基础上，坚持尊重劳动、尊重知识、尊重人才、尊重创造原则，完善人才战略布局，加快建设世界重要人才中心和创新高地，着力形成人才国际竞争的比较优势，强化现代化建设人才支撑，全面提升国家治理的现代化水平。

（2）培养"业财融合"的复合型专业审计人才。高校和相关组织应多措并举，双向联动，精准发力，为行业输送和培养既懂业务又懂财务的高水平审计人才。高校在人才培养探索和教学改革中，应紧跟新时代教学改革，探索数智化人才培养模式，从师资、模式、课程设置、教学内容、教学方式和实践基地等方面进行试点和研究，推进业财融合，完善高校人才培养与数字化技术发展相融合的现代会计教育体系，培养"懂会计、懂业务、懂技术"的复合型会计信息化人才。部分高校已率先开展智能审计高等教育培养工作，一些院校表现亮眼。2022年，中央财经大学首次在审计专业硕士"风险管理与数据分析"方向进行招生，旨在让学生掌握风险管理理论，重视培养学生的数据分析能力，尤其是能够运用大数据、人工智能、移动互联网等技术原理和专业知识解决会计、审计和企业管理等领域的问题；广东财经大学开设了审计学（智能审计方向）专业，着眼于引领实现"大智移云物区"时代审计的战略价值，结合智能审计综合实验和校外实习的实践教学环节，培养智慧型、创新型、复合型、应用型审计专业人才；浙江财经大学会计学院开设智能审计创新班，学生辅修信息管理与信息系统专业，学校致力于培养综合素质高、数理思维好、信息技术能力强的复合型创新审计人才；南京审计大学依托学校"大审计"平台的学科与行业资源优势，开设了数据科学与大数据技术（大数据审计方向）专业——大数据技术与审计交叉融合，具有鲜明审计特色——旨在培养符合国家审计需要的大数据审计复合型专门人才。

审计机关和相关教育机构应加大对数智化人才培养的资金投入，完善人才培养框架，优化教育模式。构建大数据审计学习教育平台，借鉴英国独立职业继续教育学分认证和授予机构推出的英国职业继续教育学分登记系统的成功经验，为商业和教育行业提供必要的支持和顾问服务，助力保持行业的可持续性和会计专业人员的竞争优势。

（四）构建大数据下会计师事务所与行业协会、监督机构的协作机制

1. 数字经济对会计师事务所的影响。会计师事务所是注册会计师行业的主要阵地，以审计为代表的鉴证业务是会计师事务所的核心业务线。从基本规定性的角度，任何审计机关、审计机构和审计组织的功能都可划分或应划分为审计功能与非审计功能两大类（蔡春等，2018）。

数字经济对注册会计师行业的工作方式将产生颠覆性的影响，具体体现在对会计师事务所层面上审计流程的影响。数字技术的应用确实能够优化审计流程，改变现有的审计工作方式，其中，最具代表性的技术就是机器人流程自动化（robotic process automation，RPA）技术和光学字符识别（optical character recognition，OCR）技术在会计师事务所中的应用。RPA 指的是以一种外挂的形式，通过部署于用户界面或连接应用程序编程接口来驱动处理结构化数据。RPA 技术在财务领域最为成功的应用实例便是财务机器人，财务机器人以其高效的处理速度、明确的业务流程等特点逐渐在金融、地产、医疗、税务等行业生根发芽。财务机器人的上线极大地节省了审计工作中的人力成本耗费，它能智能化、7×24 小时全天候对合同单据和财务报表进行勾稽比对，从而协助注册会计师初步形成审计结论，完成审计工作底稿，提高审计效率。

OCR 是财务机器人的眼睛，RPA 是机器人的四肢。2016 年，德勤上线了"小勤人"财务机器人，"小勤人"智能系统的上线可以实现审计证据自动化、持续采集、审计工作底稿初步填写、审计项目管理、文档初步审阅。数据显示：小勤人的出现使单个审计证据的获取时间由以前的平均 40 分钟减少

到 30 秒以下；得益于文档工作的大量减少，单个流程的底稿编制时间由以前的 1.5 个小时减少到 30 分钟以下。这大大地提高了审计师的工作效率。无人值守式发票查验机器人可以代替审计师 24 小时不间断地查验发票的真伪。审计机器人可以帮助审计师完成实质性程序中对应收账款的细节测试（程平和赵新星，2021）。

另外，一些会计师事务所也建立了自己的审计共享服务中心。会计师事务所审计共享服务中心是将审计业务中的部分流程独立出来使其标准化，具体提供的服务包括函证业务、信贷资产的审查和风险评估等金融服务，推动审计底稿标准化。

但是，信息技术的整合和应用也会带来一些挑战，这些挑战会影响会计师事务所的审计质量、审计风险和审计效益，进而影响会计师事务所甚至行业的信息化建设水平。其一，对于大型会计师事务所（如"四大"）而言，它们比中小会计师事务所收入规模更大，在信息化建设中能够保障信息化的持续投入，且拥有独立的 IT 部门，为适应行业发展不断引进 IT 人才，俨然成为行业的领头羊，但是如果战略布局不合理也将对其自身发展产生影响。其二，会计师事务所业务中审计业务占了很大的比重，审计的作用是为财务报表使用者提供可信度较高的信息，区块链技术的去中心化数据账本、不可篡改的特性使得数据本身自带可信性，但可能会导致公众对审计业务需求降低以及会计师事务所审计业务减少的情况。

因此，会计师事务所如何在现有信息化水平上利用数字经济发展红利改进工作方式、提升审计质量和审计效益、应对企业应用数字经济带来的审计风险，都是亟须解决的问题。

2. 数字经济对行业协会和监督机构的影响。数字时代下注册会计师行业协会的引导和监管过程有利于数字经济发展，有助于充分体现数字化理念，从而更好地推动注册会计师行业服务于经济社会发展。

《中国注册会计师协会 2018 年注册会计师培训计划》中明确指出，针对创新驱动发展和经济增长质量效益提升要求，开发"互联网＋"、人工智能、大数据分析工具、云计算存储、区块链应用、商业智能、财务共享服务中心建设等新技术变革引领的财务转型和审计转型课程，增设增值税智能复核小助手、智能财务机器人等智能工具介绍，引导行业适应服务领域的变革，提高注册会计师的执业胜任能力，更好地满足新技术变革下行业转型发展的新需求。

在国外，会计师协会为其会员提供了形式多样的课程，帮助会员适应数字经济的发展。英国特许公认会计师公会推出了财务数字创新证书（Cert-DIF），覆盖了当前技术、新兴技术、未来颠覆性技术、数字转型 ABCD 四个板块，旨在帮助财务从业人员加深对数字技术创新的认识，了解数字技术对财会行业的影响。国际会计师联合会呼吁注册会计师行业储备数字化转型方面的人才，丰富注册会计师专业知识，并加强注册会计师能力建设。英国特许管理会计师公会为会员提供数字思维 CPD 培训课程，以帮助会员树立数字思维、了解机器人流程自动化、迎接区块链带来的机遇和挑战。全球特许管理会计师工作能力框架将财务人员数字化技能放在了中间位置。从国内外监管协同角度来看，2022 年 1 月 12 日，国务院印发的《"十四五"数字经济发展规划》提出："强化协同治理和监管机制。规范数字经济发展，坚持发展和监管两手抓。探索建立与数字经济持续健康发展相适应的治理方式，制定更加灵活有效的政策措施，创新协同治理模式。"有关监管部门结合行业诚信监控体系，利用新一代信息技术助力政府和行业协会对会计师事务所的监管。例如，区块链的时间戳功能可用于鉴别会计师事务所和注册会计师是否按照规则全面记录，通过分布式账本实现实时监管，利用智能合约约束信息披露的内容和时间。

3. 构建大数据下会计师事务所与行业协会、监督机构的协作机制的对策。

（1）推动会计师事务所的创新与多元化发展。数字经济是新时代的发展趋势，正潜移默化地颠覆着传统的商业模式，影响着人们传统的生活方式。张敏等（2021）提出会计师事务所应在技术研发、合作共赢、人才储备、战略转型四方面积极应对数字经济带来的机遇和挑战：第一，会计师事务所应当引入先进的数字技术，开展"区块链＋审计"工作，研发财务机器人，提高业务数字化水平。第二，会计师事务所依靠自身的资源难以应对数字化审计变革。众人拾柴火焰高，会计师事务所之间应加强对话与合作，同时还应加强自身与行业专家、数据服务商、技术公司之间的协同合作。第三，加大专业人才的培训力度，提高注册会计师的专业胜任能力，培养既懂技术又懂业务的高素质复合型人才，为公司储备智囊团。其四，积极拓展多元化业务，合理分配资源，及时转型，削弱数字风险带来的冲击。

（2）完善行业协会的监管和指导。注册会计师协会对数字经济下注册会计师行业的职业准则、教育培训和能力要求都具有规范和指导作用。《中国注册会计师胜任能力指南》指出，信息技术改变了注册会计师发挥作用的方式，注册会计师协会应当为注册会计师履行责任提供适当的机会、资源，并予以规范、指导及评估。具体来讲，一方面，行业协会应积极组织和指导注册会计师教育、考试、培训。在教学培训和测评考核中，适当提高数字技能板块的占比，加快数字化步伐，培养和选拔新型数字化人才；另一方面，行业协会应根据大数据、云计算等发展需要，借鉴国外会计师公会的专业胜任能力框架，制定符合我国国情的注册会计师专业胜任能力框架，并定期进行完善，对从业人员的能力作出具体要求和指引。针对会计人员成长学习的全生命周期，提升其学习、交际、应用以及管理控制能力，让数字化能力成为职业发展的有力支撑。除此之外，行业协会还应当加强国内外监管协同，推动形成监管联盟，各行业多领域专家可以打破地理、组织、技术边界，广泛开展合作，集中资源与智慧共同创新，从而提高治理的现代化水平。大数据作为一种新兴的经济业态，推动了国内外监管机构的协同。证监会于2021年8月26日宣布，中国证监会、财政部与美国公众公司会计监督委员会签署审计监管合作协议，标志着跨境审计监督合作水平更上一层楼。

大数据和内部审计协作机制

我们所处的环境在变，互联网、大数据、人工智能等与不同行业融合和程度不断加深，业务在创新，产品也在创新。面对新的变化，内部审计也面临着巨大挑战。如何顺应审计数字化转型的管理要求和自身发展的需求也是大势所趋。审计独立性的经济监督、评价、鉴证活动与企业真实的经济活动密切相关。资本主义萌芽最早产生于地中海沿岸的威尼斯、米兰、热那亚、佛罗伦萨等城市，审计之花最早也绽放在欧洲，资本主义工商业的发展为审计的发展提供了一定经济基础。随着近些年互联网、大数据、人工智能和银行业务的深度融合，业务品种日益增多，金融产品不断创新，内部审计面对的各种业务风险也变得更加隐蔽和复杂，审计的时效性、全面性面临着巨大挑战，迫使审计由传统现场审计为主的作业模式向远程审计、非现场审计方式转变。

一、大数据与内部审计协作机制研究的必要性

（一）研究背景

1. 大数据对会计职业的冲击。包括数字经济在内的新经济通过影响会计主体、持续经营、会计分期、货币计量四大会计基本假设，从而使资产定义、收入确认、平台资产处理方式和财务分析发生变化，推动审计变革（黄世忠，2020）。

2. 大数据对内部会计执业能力的影响。

（1）对会计计量基础的边界认知。会计四大假设是会计计量的基础和前

提。人才、资本、技术等生产要素借助数字化平台的自由流动，打破了时间与空间、内部与外部边界的限制，使会计主体的识别有了难度；在大数据经济新业态下，市场与经营环境的易变性、不确定性、复杂性和模糊性（volatility uncertainty complexity ambiguity，VUCA）使得以数据、技术为代表的无形资产被更新替代后价值大量缩水的企业可持续经营假设难以维持；基于持续经营模式下的会计分期在"大智移云物"等信息技术的应用中消除了财务信息的滞后性，会计分期的必要性也面临挑战；货币计量中的币值不变假设在区块链会计出现后，作为区块链应用的比特币等数字货币的出现难以再保持币值稳定的假设，不能用货币计量的品牌效应、创新能力、团队合作等无形资产的计价也需要有新的价值计量。

（2）对记账会计要素的拓展认知。会计六要素指资产、负债、所有者权益、收入、费用和利润，是组成会计报表的基本单位。资产、负债、权益列示在资产负债表中，静态反映企业的财务状况；收入、费用、利润列示在利润表中，动态展示企业的经营业绩。大数据下资产、负债及所有者权益的定义域将不断扩大和加速衍生，以反映数字经济发展的客观需要。数据资产随着新技术更新迭代，旧技术的价值可能大幅降低，由于缺少统一的会计规范，如何判断无形资产的摊销年限、如何计提合理的减值准备都存在一定的困难。

在传统经济模式下，企业的负债以历史成本计量，其随着日常经营活动的开展而被逐步清偿。日新月异的信息技术和激烈的市场竞争增加了企业经营的不确定性，会计人员对企业的偿债能力投入前所未有的关注并评估其可持续经营能力。当大数据和区块链应用下的应付账款和长期账龄借款在可见、可追溯、不可篡改中隐瞒负债、延迟借款入账甚至不入账的行为在发生的时间证据链上清晰可见，从而提升了企业信息的透明度。

3. 内审人员对企业风险的认知。互联网企业组织形式大多采用扁平化的管理模式，这种管理模式可以灵活、快速地实现对资源、资金、人员的调配，提高项目完成效率，实现组织目标，在治理环境中就有了自己不同其他企业相同的特殊性。像电商平台、网约车的服务平台确认收入时关于总额法或净额法会计政策的选择，游戏公司确认游戏道具销售收入的时间节点，采用数字虚拟货币进行交易的核算方法等，企业的固定成本会在引入新技术、新服务的前期显著增加，在未形成规模经济时，大量的研发支出、资金投入会增加企业的成本费用，从而加重企业的经营负担，为避免企业重大错报风险的发生，都需要会计人员加深对新业务模式下业务流程、信息系统及应用数据的学习和对全面的风险进行评估。

（二）内审人员具备的知识体系

1. 大数据审计理念的树立。审计数字化转型不仅是技术革命，更是一种认识理念的变革，"心有高标，方可致远"，审计人员要把思想和行动统一到中央文件精神上，提高政治站位，树立"科技强审"理念，把准角色定位，打破传统审计思维的限制，将审计工作由查问题、找问题的合规审计，向注重揭示前瞻性、整体性风险，为合规经营、业务发展、风险管理提供审计咨询建议，向审计价值最大化的方向发展，更好地适应审计数字化转型发展的需求。

2. 动态审计的知识储备。面对审计的新常态和新变化，审计人员对审计知识和技术的掌握就好比"逆水行舟，不进则退"，不仅需要参加业务培训来提高自身素质，更需要注重在审计项目中积极向身边的审计专家学习审计经验，向审计对象学习业务知识，向审计案例学习审计方法，向规章制度学习审计标准。"三人行，必有我师焉。择其善者而从之，其不善者而改之"，只有这样不断学习和更新自己的知识储备，才能使审计人员跟上时代步伐，才能够满足审计数字化转型要求的专业胜任能力。

3. 强化审计技能。"物有甘苦，尝之者识；道有夷险，履之者知"，内部审计人员面对审计项目中的大量业务数据、交易数据以及业务音频、视频等结构化、非结构化数据，要克服对审计技术的畏难情绪，在审计项目中敢于使用 Python、SQL 等新技术，勇于尝试编写审计新模型，不怕失败，不怕犯错，通过不断尝试，逐步培养使用审计新技术、驾驭审计新技术的能力，从而顺应审计数字化转型的管理要求和自身发展的需求。数字化不是目的，而是提高全要素产出率（TFP）的工具，不能为数字化而数字化，更不能只要"颜值"的技术堆砌。不同的行业和企业，会有不同的数字化转型路径。作为内部审计部门要积极作为，在企业数字化转型规划中努力赢得数字化审计的一席之地，同时，要顺势而为，坚持数字化审计的适配和协同，才不容易陷入"自说自话"的困境中。

4. 对技术的学习。通过科学的大数据审计技术，可以有效减少企业运营风险。软件能实现危险行为实时告警，及时防范安全风险、分保合规，确保检查不扣分；追溯应用访问行为，精确审计，无漏审，零误报；界面简单，业务化语言呈现；支持国际主流数据库 Oracle、SQL Server、MySQL、MariaDB、DB2、PostgreSQL、Sybase、Informix、CacheDB、GP、SAP HANA、Teradata等；支持国产数据库 SgrDB、DM、GBase、KingBase、Oscar 等；支持非关系型数据库 MongoDB、Redis 等；支持 Hive、HBase、Impala、Sentry、HDFS、ES 等大数据组件。

二、影响大数据和内部审计协作的因素

（一）内审人员和各部门的协调关系

不同企业对审计部门的定义有所不同，如"审计部""审计室""审计监察中心""内控部""风控中心""合规部"等。有的企业内部存在着审计称呼泛化的现象，但是这也造成了企业内部对审计部门定位的迷惑：这个部门到底是做什么的？感觉无所不能？甚至有的企业只要是感觉无处安放的职能就全部"扔"到审计部门去，例如"安保部""门岗人员"也被纳入审计部，更有甚者将食堂监督职能"食委会"也纳入审计部。不同企业对审计的定位不同，造就了"审计部"的部门职责不统一，例如"内部审计职能""内控建设职能""风险管理职能""合规管理职能""市场的巡查与巡视"等，还有甚者，例如"绩效统计与计算""项目奖金的复核""督办事项的跟踪""事业部的拆分与交接"等。因此，内审部门的定位和称呼远不如财务部门的统一和规范，但是这些定位没有对错之分，只是企业发展到不同阶段，或者企业对部门不同定位造成的，所以不管不同企业审计部门在企业组织中的审计职能是否统一，会计主体自身有着怎样的利益追求，内部审计的目的只有一个，就是要集中审计人员的经验、能力，借助大数据审计的技术支撑，企业各部门提供真实的业务流和资金流数据才能完成高效审计，这样内审人员和各部门的协调关系就成为影响协作审计效果的一个重要因素。

（二） 大数据技术的使用

用数字化和信息化的科技手段可以实现内部审计全覆盖，保证内部审计的及时性和效率，在特定情况下还可进行非现场审计，所以内部审计数字化转型是必然趋势。Python、SQL 等新技术对信息化人才来说不是问题，传统审计人员业务转型时与信息化专业人员协作，一样可以实现信息时代内部审计转型的效果。2020 年时，所有高校的课程均改成线上教学。笔者所讲授的中级财务会计课同样也是如此，在学校给定的教学平台线上讲会计实务处理和进行学生考勤，上不上课的网上留痕使出勤率得到了有效保证，教师讲课正常，教学效果和线下持平，但学生们的听课状态跟踪出现了不开视频的学生实时跟踪不了，每个同学都开视频资源不足、视频声音效果不好、学生们不能都集中一个屏幕上的问题。所以教学媒介的工具改变后还要结合其他的对学生的提问、小考、作业考核的线上评价方式才能保证与之前线下教与学同一效果。数字化和信息化可以用科技的手段实现内部审计业务全覆盖，但实施的细则和出现问题后的实时协作解决的部门设置等配套措施也要齐全，不能出现闭环协作的断点、难点，从而保证工作富有效率！

大数据及数字化转型不是从"非数字化"到"数字化"的过程，而是着眼于解决问题，对审计人员而言，要求将企业角角落落的历史数据、实时发生的数据汇聚起来，建立元数据，再标准化，然后用起来，以价值再造的形式提升数字资产价值。内审人员应向身边的审计专家学习审计经验，向审计对象学习业务知识，向审计案例学习审计方法，向规章制度学习审计标准，克服对审计技术的畏难情绪，在审计项目中敢于使用 Python、SQL 等新技术，勇于不断去尝试编写审计模型程序。数字化转型是新赛道，是大势所趋，不仅是技术变革，也是认知变革。审计业务模式和业务技术的改变，要求审计人员必须改变传统审计理念，积极学习更新审计知识，不断锤炼审计技术，才能更好地顺应审计数字化转型的管理要求和自身发展的需求，使审计向价值最大化方向发展。

三、大数据和内部审计协作机制需要解决的关键问题

大数据及随之而来的数字化转型是企业促进数字经济高质量发展的重要引擎。面对企业数字化转型的战略和业务风险、数据资产确认和安全保护风险、技术风险、数字化人才缺乏风险等，企业需提高内部审计站位，积极发挥内部审计在企业数字化转型中的治理作用。内部审计应加强风控体系建设，打通不同风险管理主体信息孤岛，实施集成化风险管理，有效发挥数字管控的刚性约束和监督制衡作用，并提高内审人才数字化素养，构建研究型审计人才持续成长机制，这样内部审计人员才能在面对新技术、新商业模式时做到与时俱进，助推企业数字化转型，并彰显增值型内部审计作用，从而顺应审计数字化转型的管理要求和自身发展的需求。

（一）运行机制

任何企业的存在和发展都伴随着各种各样的不确定性，有时这种不确定性的后果很严重，这就是风险。设置内部审计的目的是进一步强化内部控制，改善经营管理，促进公司高效持续经营，是协助组织成员认真履行职责，更经济、有效地完成集团交予的任务。说到底，设置内部审计的目的是防范风险，协助组织内成员实现组织目标，相当于企业的保健医生，不光治病还提出建议。内部审计不能承担影响审计独立性、客观性、谨慎性的职能，审计部门不能代替业务部门的职责进行具体的业务操作；审计部门提出的建议和措施只是供经营决策管理层参考使用，不是审计部门提了建议，就由审计部门来做，内部审计只是企业的一个职能部门，不具有"公检法"和"中纪委"那样的功能。

1. 人工智能不能完全替代审计人员。财务机器人能提质增效。财务机器人既不是一个可以进行自由交流的"机器"，也不是一个以实体存在的"人"，当然，也不是具有人工智能和语言识别的交互软件，它其实是一个流程自动化的软件，它可以将烦琐、重复性的工作进行自动化处理，并有效地

提高工作效率。

随着企业规模的不断扩大，信息沟通的日趋复杂，建设财务共享中心早已成为企业财务转型的重要举措，尤其是大型企业中的财务共享中心，它们每日有大量的工作和资金账单需要处理，企业面对日益增加的工作量只能招聘更多的财务工作人员来完成每个子公司和分公司的财务工作，使用 RPA 财务机器人之后，则可以通过它来协助财务人员完成工作，将大量重复性和标准化程度高的业务集中起来，让企业减少在该岗位上人力的投入，进而达到降本增效的目的。

2. 审计职能定位。内部审计是一种独立、客观的确认和咨询活动，旨在增加价值和改善组织的运营。它通过应用系统的、规范的方法，评价并改善风险管理、控制及治理过程的效果，帮助组织实现其目标（国际内部审计师协会，2011）。审计职能是确认和咨询。

（1）确认。

①通过查体系、查流程，寻找风险点和控制的薄弱环节，帮助被审计单位完善制度和流程，加强控制点的管控，规避或降低风险与经营管理层的预期和目标相匹配。

②通过舞弊等专项审计，严堵漏洞、追回损失、弘扬正气。

③通过战略审计等手段，为企业发展提供长远建议，为企业发展保驾护航。

（2）咨询。

①对经营业务、管控部门的咨询要求进行反馈，帮助查找流程控制风险，寻求最佳的解决方法。

②做好尽职调查，为集团发展、并购做好事前调查，提供决策依据。

3. 数据资产的再认识。数据资源已成为数字经济中企业不可或缺的生产要素，数据资源确认为资产的条件逐渐成熟，数据资产有望进入"第四张报表"（张俊瑞和危雁麟，2021）；数据本身没有内在价值，当其有了足够的流动性，并经过处理，数据资源就会产生价值（Nolm，2019）。在大数据价值链形成的过程中，数据整合和利用催生了数据货币化（包括使用来自组织的数据产生利润），它可能会直接出售数据以换取现金，或者依靠这些数据间接创造价值（Faroukhi et al.，2020）。

商业活动以及信息交换和通信产生大量的数据，数据通过硬件、软件系统供应商，在保证数据安全和隐私保密的前提下，采用数据分析计算技术，进一步转化和释放数据价值，进而形成数据资产。就数据原生性和合法性而言，安全可靠的数据应当包含其从生成到第一次交易之前的所有操作，同时，需要保证数据在过程中具有不可篡改性。数据根据来源的不同可以采用不同的方法赋予其原生性证明，个人数据可以借助终端硬件、操作系统、数据科学、密码学建立数据安全管道赋予原生性证明；企业数据可以将企业的信用等级评价和商业信誉作为背书，由政府主导的数据交易中心赋予原生性证明；来源于元宇宙的数据由区块链 NFT 生成的数字产品天然自带原生性证明。在数据拥有合法性证明时，数据所有者可以对数据资产进行交易，这样一来，数据本体发生移动，数字所有权或使用权发生转移。在取得数据所有权或使用权后，可以借助数据分析、机器学习等大数据技术，对数据进行分析和降噪处理，对数据进行追溯和合法性验证，从而实现对数据的查重验真。然而在数据产生过程中，信任的基础建立在法律法规和信誉承诺上，通过一些数学和密码学的计算，数据进入区块链中。当存在利益集团集体舞弊时，区块链的身份和真伪验证将会失效。

（二）动力机制

1. 有效沟通。在内部审计工作中，沟通很重要。内审外包项目作为典型的咨询项目，企业审计部领导、审计部项目牵头人，外包团队成员对于项目都有自己的理解，如不能通过有效沟通统一思想、形成合力，项目将寸步难行。项目开始前，外部审计团队就应该对于项目审计目标、审计计划等形成完备的方案，大家在既定的方案中进行审计项目的开展，避免"东一榔头、西一斧头"的打乱仗思维。在审计开始前，应该把项目进场会作为关键事项，要求企业的管理层及主要配合人员对于如何配合审计工作形成高度认识。在既定方案的制订中，企业审计部负责人应该对于委派项目负责人进行明确的授权。企业内部审计人员也应该树立正确的思维导向，企业审计部门人员不能没找到审计问题就认为是团队无能，也有可能是在项目执行的过程中，部分事项确实没有查出问题，而作为项目负责人自身也无明确的方向。对于外包团队也不应实行高压政策，否则会使效果不尽如人意。因此，项目牵头人保持正确的价值观和理念，也是做好内审外包项目的关键。

作为外包团队，及时与审计部负责人、项目委派内审牵头人进行充分的交流是审计质量的保障。企业审计人员要充分利用其对于内部事项了解的优势，知无不言。外部审计人员，也要多借鉴其他项目经验，提出有效的解决方案。

从独立性角度来说，内部审计人员面临的独立性尴尬不比外部审计人员少，内部审计部能真正听命于董事会的实属难得。例如，某项目中，审计人员关注"公司实收资本使用效率低下"，这么浅显的问题，内审人员不是不知，但他们想说的很多，能说的却很少。可是外部审计人员却一针见血地指出：这是公司总经理分管业务工作不力导致的。外部审计人员不在乎得罪公司总经理，有的是所向披靡。审计人员的知识储备与实操技能必须随时更新，与时俱进，适应新时代经济与科学高速发展的新要求。

2. 敏捷审计。

（1）产生背景。敏捷审计在国内其实还属于研究不多的新生事物。相对于"瀑布式"审计步步为营的顺序和流程走完才能让管理层和被审计对象看到的审计报告而言，敏捷审计是围绕用户需求、高效率的面对面沟通，快速了解审计问题而开发的持续迭代更新的新版本。在不确定时代背景下为满足客户需求的一种审计思想的进化，要实现敏捷审计需借助敏捷思维、敏捷技术、敏捷流程、互动审计来助力，敏捷审计强调高效快速，但离不开人本、场景、数据、价值的四要素。人的因素是最大的，人都是喜欢熟悉的环境，如果打破了这个平衡，就会自动选择逃避或排斥。敏捷审计的应用场景更多的是人在变化中的行为及产生的经济后果。在充满创新、超越、风险、陷阱的环境中，内部审计只有以敏捷的理念，快速应对内外部风险的变化，更好地体现风险导向审计，满足组织管理对内部审计的要求。传统的审计理念和经验，我们可以用，但是随着大环境的变化，我们也要不断创新，这就是最简单道理的"物竞天择、适者生存"的应用。我们内部审计要坚持做供给侧结构性改革，不断提供优质服务和优质产品。敏捷的本质体现在"快速"二字上，应用在审计上就是利用"敏捷软件"快速得出审计结论，满足利益相关方不断变化的需求。敏捷是巧干胜苦干，不仅能用更少的时间干更多的工作，还能用更少的工作创造更大的价值。

（2）审计人员的工作动力公式。

$$高质量工作产出 = 时间 \times 能力度 \times 专注程度 \times 有效工具$$

因为数字化转型需要组织机构的精简敏捷，需要内审具有时效性，要快速，需要针对企业、国家乃至国际的风险及时响应。通过内审人员发现共性问题，总结共享模式；在娱乐化、碎片化的信息中，保持稀缺、不断深耕的专注度，专注度是专注力和自控力的结合，决定了提升的高度和品质；高效工具让共性工作可以复制并更新迭代，产出可以大幅提升几倍甚至十倍。

工作中遇到的最重要的问题是如何最大限度地提高投入产出比例的问题，其中，时间是重要的投入资源，减少投入时间、提高产出价值是提高投入产出比的重要途径。用敏捷审计来处理那些重要紧急、不重要紧急的任务，重要不紧急的任务可能就会忽视，而这些可能是决定内审部门和内审工作层次的关键。搞业务应当扎扎实实，所谓"敏捷"是为了应对变化的外部环境而采取更加迅速的措施和行动，并不断优化。敏捷会计不是指具体的方法论，而是指一种理念和价值观。推广到敏捷审计而言，就是在内审工作中减少对业务的打扰、快速呈现结果、不断迭代优化的工作效果，提升利益相关者的满意度，应对快速变化的业务环境。区分轻重缓急、重点监控各业务环节的主要风险。借助信息化工具将审计环节嵌入业务流程缩短审计计划、反馈流程和反应时间。将审计成果转化为具体的企业审计知识和管理措施。

无论什么样的审计软件，只要能满足企业内审要求的审计软件，都是帮助完成审计工作的工具。审计软件在信息处理、数据查询、资源共享方面都是一个进步，然而在审计数据分析、问题判断、内控弊端等方面，还是需要审计人员靠个人对企业的环境了解以及个人经验进行分析，把握审计结果。既要把个人生存和事业发展并联，也要把内审部门和企业的效益串联，才能让内审制度在不断的实践中丰富和加强，更好地促进企业发展，实现内审和企业共赢；外审在内审档案的专业性延续和数据保障下，让审计报告更富有成效。

3. 内审主管。内审人员的核心能力是专业能力，而专业能力中知道"为什么做、值不值得做"比知道"怎么做"更重要。不是看怎么做，而是看为什么做，通过理解"为什么"，打开工作思路。需要从"做什么"到"为什么做"，打开工作思路，才能走向更好的"做什么"，以满足客户的需求。敏捷方法通过询问"为什么"，聚焦客户价值，采用"试错、快速试错、低成本快速试错"的实践方法提供了一整套需求管理的工作思路。知易行难，在审计项目管理的不断实践和从业人员的共同努力下，进一步完善敏捷需求管理理论和方法，提高项目管理效率，从而提升项目价值。

（三）约束机制

1. 管理思维下的审计。很早的时候就背会了这句话：世界观决定了方法论。世界观的不同带来了不同个体的立场、观点和方法，而每个人的知识结构、认识能力与水平各异，导致思维方式、看问题的角度会不同，对同一事物也会出现不同的见解，这就是所说的"仁者见仁，智者见智"。"仁者见仁，智者见智"也被理解为是一种投射防御机制，它具有被自身条件限制的客观性，也有主观性和差别性。

审计工作的主要任务是发现问题，但前线业务部门、后线各服务部门、高层管理团队也会发现各种问题。审计视角发现的问题与其他问题相比更专业、更全面。如果没有审计视角不断的发现问题，用管理思维的视角解决审计中发现的问题，单纯的审计报告即使写得再规范，引起阅读者关注的概率也会小。而每年审计报告上反映和体现的问题总是换汤不换药，审计部门所起的作用会越来越小，审计部门也会越来越被忽视。

从审计的视角可能会发现企业经营管理的不同层级的操作层面、经营层面、决策层面的各种问题。审计的主要内容、问题类型（合规、内部控制、风险管理、运营效率、经济效益等），基本上都集中在操作层面和经营层面上，操作层面最多，决策层面最少。造成这样的原因是审计解决问题的视角还不是管理思维。以审计的视角发现问题，以管理的视角解决问题。这是审计部门生存和发展需要深思的两大主题。

审计发现的问题需要各部门协作解决，这毋庸置疑。但能让这种协作富有效率的决策者不是审计部门，这就造成专业能力很强、决策能力很弱的审计部门工作绩效的衡量标准将很大程度上受到考核指标的制约。审计部门只有抱着"以管理视角解决问题"的态度，才不会仅以发现问题为己任，才能综合考虑多种关系和关键因素，站在独立的角度去分析问题产生的原因和动机，提出的审计建议才会更贴近实务和更具可行性而被各级管理者重视，才能与从管理高层所关心的全局管理中仅想解决影响大、范围广的问题的思路相切合。

2. 审计发现问题的专业能力视角体现。审计人员首先审核原始证据发现有无篡改痕迹、伪造经济事项、使用非法票据、收款收据不按顺序号使用等基本情况，其次从异常数据、字迹、经济往来项目、账务处理、收款收据使用做进一步分析，最后还要对整个经营流程进行总体分析。

具体问题分析如下。

（1）业务领域的数据异常。风险点：篡改或凭空捏造数据、数值异常、数字的记账方向不同、考核指标的异常（实际执行指标与考核指标、预算指标差异非常小的时候）。

（2）购销单位与往来单位的账户异常。风险点：业务范围、购销单位与货款结算单位的矛盾、往来结算的期限长短、业务发生频率等是否有虚列账户以及是否存在呆账。

（3）记账账户之间异常对应关系。风险点：资金运动的来龙去脉是否对应、往来款项是否在原始凭证中发现问题。

（4）经济业务发生时间异常。风险点：报销时间不是特定时段范围、商品在途时间过长、采购和入库时间次序颠倒。

（5）地点异常。风险点：无质量区别舍近求远的异地采购、按购销业务规律所涉及的地点和内容无关或矛盾。

（6）人员异常。风险点：经济来源与生活方式、生活质量、消费水平不相称。

（7）平时积累与观察。风险点：持续给职工发福利的单位私设的"小金库"、经常出现的账外顶账的各种物资（比如车和大型机器等）。

（8）逻辑推断。用逻辑思维进行分类、分析、归纳、推理出现问题的各要素，又不断地排除非逻辑因素，剩下的就是合乎逻辑的存在问题。

3. 审计问题解决的管理思维视角体现。出现问题后的工作指导是独立第三方的客观建议，建议的视野是站在高层管理的全局性视野，业务流程的职责明确是内部控制和风险管理的顶层设计，经营的规范化是以工作效率和单位效益的提高为前提，审计的战略筹划要与现代内部审计监督职能和咨询职能相一致。例如，财务舞弊是审计关注的重点内容，企业最终财务报告舞弊就是财务舞弊的重中之重。财务舞弊无论是以假乱真、以虚为实、损公肥私、变人为己，还是隐藏、掩饰和掩盖，目的都是相互掩护或使用各种障眼法逃避处罚。财务报告舞弊除易于查证的直接舞弊外，用管理思维的审计视角对间接财务报告舞弊的形成起点、过程、技术判断舞弊的四种类型进行分析，会有事半功倍的效果。在为企业全局着想的企业决策者的大力支持下，审计难度很大的借关联企业之间的交易进行经济活动操纵的会计起点舞弊还会受到种种阻挠吗（不敢舞弊）？在越来越规范的企业流程设计和变化中，审计难度较小的在会计过程中利用异常会计处理操纵利润的可能性是不是会大幅度降低（不能舞弊）？审计难度大的变更会计政策或方法操纵的会计技术舞弊是不是因高管层监管加强而无可遁形？审计难度最大的滥用会计估计操纵的会计判断舞弊在企业的最高决策者带头执行会计准则下是不是难度会有效的降低（不愿意舞弊）？

如果审计用专业能力视角发现问题，用管理思维视角解决问题，在领导带头并支持的氛围下，企业各级员工都能做到不愿意舞弊、不敢舞弊、不能舞弊，企业就会在审计的保驾护航下长久健康发展。通过信息化平台的移动版本进行"全天候、全时空、零距离"的办公，在"智慧平台"进行日常事务的待办、预警提醒以及在线服务等功能操作，实现上级能够通过系统随时进行视频调阅、远程指导、实时监督、存储备查等，完成对下级的监督管理以及对基层人员的行为进行刻画和分析，结合奖惩激励机制，建立起了一种上级对下级的长效管理和全时监督机制。

随着党的二十大报告提出我国经济已进入高质量发展阶段，审计监督体系对经济发展的"免疫功能"的不断加强，近年来审计署关注了国家审计和内部审计联动的共同需求。当实现了审计风险全覆盖，并不意味着更多的风险尽在把控中，如果忽视大数据审计中的数据多样性拓展、审计技术创新、云计算技术应用、数据的挖掘、数据与数据之间的联系，设计审计信息系统的框架结构时，也必然缺少前瞻性考虑。

整个上篇从大数据审计协作机制出发，对大数据国家审计、大数据注册会计师审计、大数据内部审计协作机制的运行机制、动力机制和约束机制进行创新性研究，解决大数据审计协作机制中存在的问题，实现了"1＋1＞2"的效果。

养老大数据协作机制

"十三五"规划纲要明确提出，要加强顶层设计，构建以人口战略、生育政策、就业制度、养老服务、社保体系、健康保障、人才培养、环境支持、社会参与等为支撑的人口老龄化应对体系。这已充分说明，养老是多方面协作的系统工程，养老协作机制的研究更加有必要。我国从2005年正式进入老龄化社会，预计"十四五"时期这一数字将突破3亿，我国将从轻度老龄化进入中度老龄化阶段。人口老龄化标志是老年人口相对增多和社会人口结构呈现老年状态，在数据上的具体表现是一个国家或地区60岁以上老年人口占人口总数的10%，或65岁以上老年人口占人口总数的7%。我国仅用18年左右时间从成年型进入老年型的人口年龄结构，主要是现代化进程和历史因素双重作用的结果。

　　我国第七次全国人口普查数据统计：60岁及以上人口为2.64亿多一点，占比18.7%，其中，65岁及以上人口为1.97亿多一点，占比13.5%。由于计划生育政策和人口预期寿命的延长，老龄人口基数大、增速快，老龄化程度在进一步加深。老龄化加剧既体现了经济快速发展、人民生活水平和医疗卫生保健事业的成就，又说明老龄化已成为"未富先老"的关于我国养老的难点问题，暴露出社会经济发展的短板。老年人口规模庞大冲击着养老保障制度建设、医疗保健事业发展，劳动力年龄结构的老化冲击着经济可持续发展，空巢老人及独居老人总量大明显弱化了家庭养老支持功能。尤其是继农业经济、工业经济后的主要经济形态的数字经济带来了快捷高效的数字化生活，彻底改变了人们的生活方式。当不会使用智能化手机的老人备受数字化生活煎熬时，包括通信、计算机、基础技术、互联网四大产业，以现代网络为主要载体，推动生产力发展的经济形态的数字经济也有望在全新维度上为缓解老龄化问题提供破解路径。我国老龄社会面临的养老服务供给总量不足、有效供给不足的根本问题的一个重要原因是劳动力短缺，而据调查，不想生、不愿生、生不起、养不起都极大地抑制了生育愿望。数字化产业衍生出来的人工智能将会是未来工厂劳动力的主力军，人工智能被运用于医药、音乐、金融、工业制造业等方面缩减了企业对人力资源的消耗，尤其医学临床可用人工智能系统对救助工作进行规划，使病人安排更清晰有序，从而减轻对救护人员的使用，为养老服务与机器人挂钩缓解照护人员的根本不足提供了解决的新思路；人工智能技术可以完成作曲、演奏、音乐理论深加工等，大大缩减了后期制作的工作量，这些数字技术用于文化和旅游的具体实践，为数字文旅服务于老年生活、提高老年人生活质量提供了更多的渠道；银行用大数据、云计算等技术、人工智能系统组织运作金融投资和管理财产，建立提供医疗保险、养老地产等差异化金融产品的养老金融平台时，为特定需求的老人提供科学参考信息的同时不会大量增加银行及金融机构养老专项服务及咨询人员；养老保健业数字技术的发展催生了数字医疗、远程医疗服务、智能化医疗技术设备，它们都为医养结合中需要通过互联网、大数据将老龄人口健康信息进行的云存储提供了有力的技术支撑，从而根据不同的身体特征推出精准化就诊与差异化保健方案，更结合线上线下诊疗，实现就医便利，医生可实时跟进老人健康状态，提高就诊成功率；通过数字技术可实现需求与供给的互联互通，产生了互联网＋养老的智慧养老模式（融智慧居家养老服务及居家生活监测、紧急救助、定位、健康管理等功能于一体，其服务中心则整合为养老服务资源，为老人提供统一规范的多层次、主动性、轻型化、全天候服务。也有通过给独居老人家中安装基于人工智能、网络生物探测传感器 AI 技术，集成从养老为老服务到个性化健康管理的智能化、常态化联动服务体系）；"智慧养老模式＋共享经济＋大数据技术"也为共享养老提供了理论框架和实践路径；利用数字技术整合老龄人口旅游大数据，帮助健全公共服务体系，并针对老年人高频、长线、错峰出行的旅游特点，以数字化赋能旅游供给侧结构性改革，实现出行、就餐、住宿与旅游的一体化，真正满足老年群体多样化的旅游需求。养老大数据如何在数字政府、一网通办、一网统管、数字文旅、数字应急中进行嵌接，进一步推进人口老龄化新旧动能转换中的应对体系的构建，对促进养老产业向智慧养老转型融合、创新、转型和升级，具有深刻的现实意义，并产生深远的社会影响。

专题五

养老——"一网通办"协作机制

当今社会，信息化技术不断发展，在政府数字化改革的潮流下，各平台的现代化、信息化建设也进一步推进且加深。2018 年，上海率先提出"一网通办"的改革理念，其主要目的是将政府分散的各个部门政务集中到线上服务平台，从而实现现阶段我国区域一网通办体系的深入探索，并且与大数据发展情况下数字和政府的转型升级相契合，挖掘了一网通办的发展潜力，并且将各个部门与其联合起来，其中，将互联网与养老产业相结合的实践，有待社会与更多公众的关注和参与。

一、养老"一网通办"的研究背景

养老是系统协作工程，也是民生工程。

（一）不动产"一网通办"便民服务平台的数字化助力养老房产租赁

租房养老是指发达国家通行的一种住房抵押贷款，它的运营机制是房屋产权拥有者将自己的房屋抵押给可信任的金融机构，金融机构在此期间要定期给房屋产权拥有者发放固定资金，其前提是事先做好并通过相关部门的资产评估。等到房主去世后，金融机构将合理地对其房产进行处理，并且将处理所得发放给相关的产权人员，升值部分将付给房产抵押人所有。

此类想法在早期实践中，受到中国传统养老观念的冲击和房屋 70 年产权限制等诸多问题阻碍。如今专家提出另类版本的租房养老模式，即房屋的产权仍归老人所有，但房屋的空间由相应的机构租入，并提供相关服务的同时，将期限内的资金打入所有者的银行卡，确保其拿到应有资金，而实务中老人房屋产权变动在机构办理中出现许多复杂的问题难以解决。如果在不动产"一网通办"便民服务平台的数字化改造升级中设立养老专项处理，则会在一定程度上改善养老房产租赁存在的问题，加速产权不动下养老房产租赁的推广和运行，有利于养老房产租赁专项惠民业务板块高效快捷地实施。

（二）数字化档案助力共享养老的全民养老道德公约数字化档案的建立

在弥补养老服务总量不足（基数大、增速快）、有效供给也不足等根本问题的背景下，打破养老保险基金不足和社会养老能力差距成为各地区的主要突破点，其中，"一网通办"时间货币的场景专用等技术创新成为参与全民养老道德公约的人数总量的关键手段。以网络实现档案收集、管理、保管、保护、共享、利用的档案管理模式为基础，并且运用电子计算机等高新数字设备为手段，根据全国不同地区发展和管理的特点，形成独具地方管理模式的"一网通办"管理体系，提高养老业务办理服务的质量与效率。推广"一网通办"可以让使用者通过档案信息的筛选和平台反馈，了解办理状况，提升办理效率，最终通过一网总管，促进国家从顶层养老设计到养老居民个人的垂直协作服务体系的健全，为参与全民养老道德公约的人员建立数字化档案奠定坚实的基础。

二、和"一网通办"相关的养老房产协作平台

（一）不动产"一网通办"便民服务平台

为增强公众幸福感和获得感，优化营商环境，解决电子政务下的全国各

城市以不动产登记业务的信息化管理平台的问题，国家根据现代化数字政府改革趋势，提出顺应"互联网＋一网通办"的发展模式，切实提升与电子信息技术相契合的民生管理工作的创造性转化，提升民生管理工作的效率，提高人们对民生管理工作的满意度，实现线上与线下融合、随时随地网办不动产登记的核心目标。"互联网＋不动产登记"在用户层、服务层和应用层的创新应用，提升了不动产登记的高效服务和便利性。

1. 具体开发创新内容。现代化不动产登记数据库的建立可以划分为三个方面：由内网连接的数据库、政府网直接连接数据库和因特网数据库。其中，内联网数据库里面主要涵盖基本地理信息数据库、有关民生管理的不动产登记数据库、不动产登记数据库和不动产登记档案；政府网络直连的是相对单一的数据库，主要服务于政府之间数据的交换和沟通的数据体系；基于因特网的数据库更倾向于服务类别的业务申请和业务操作等数据库类型。所有这些都为数据库进行数据交换的信息传输奠定了良好的基础。这里移动应用程序的方便与突破之处在于，它可以最大限度地支持办理者通过电子设备进行线上办理，在办理过程中用户提交自己准确的个人信息后，在一定时间内可以得到一定的业务反馈，同时，大数据提供便捷的网络支付方式，也可以让用户在办理完业务之后，直接进行平台付款，极大地节省了办理的时间和提高了办事效率。

PC应用程序主要包括物联网、内联网和政府网络等功能性应用程序。地图通过检索大型不动产的录入信息，可以精确地反映出当前所查找的不动产信息记录，并在第一时间挑选出有价值的信息进行分析并给出结果。用户使用这种方式可以在平台上全面了解房源，并且在选择的空间上有更大的主动权，提升办理效率和业务办理达成度。平台运用广泛的地理信息技术和定位系统，生成对所选片区中住宅的数字化信息统计，管理者可以在这些数据中更直观地看到管理模式的优劣之处和管理存在的问题，以便于更有效地制订下一步解决方案。同时配套的是自助终端的窗口运作，主要提供信息录入和客户业务处理进程检索等服务，极大地分担了窗口办理的压力，提升了工作效率和业务办理能力。

2. 应用效果。该平台的建立节约了企业和公众的办事成本、不动产机构的管理成本和政府的财政公共服务支出。

（二）微信综合性服务平台——房产微政务

1. 将一网统管与房屋办理业务紧密融合。根据对当今发展新业态、新模式的分析，将一网统管与房屋办理业务融合，应该重点实现商务合作与城市互联扫码的结合，明确住房相关事项的综合服务机制的定位和提升总体目标。综合服务平台可通过官方微信和微信房地产账号作为主要服务入口，创建一个围绕公司的房地产代理机构，从单一来源为公司提供商业公寓预售审批、现场销售记录等十多项行政事务。"审批不是异类，扫码就是服务"。应该优化完善基于传统的个人住房单元统一编码系统，创建完善统一的 BIM/GIS 属性清单，在不同地区进行试验后，在全体推广实施。建立"综合行动"，形成城市互联互通、房地产交易并行处理的新格局。加快行政审批数字化，精细化市场管理，优化营商环境，为人民群众提供便利服务，精细化安全管理，促进现代化住房管理模式的更新换代上升到新的水平，并稳步发展。

2. 根据客户办理需求，打造"一次办事"规模。执行广泛的业务分类，从房地产业务的全链条和全周期角度，充分探索和优化房地产业务运营流程。改进信息系统功能，运用有关方面的平台进行相关的程序开发，推动线上线下多措并举，促进管理工作效率不断提升。信息终端可以通过多条信息链对管理信息进行收集和处理，让信息"跑腿"取代人去"跑腿"，加快信息的收集和统计，及时反馈给客户，转变整体优化工作，加强城市经济协调，实现全市信息相互连通，业务办理相互连通，做到管理工作实现真正的"一网通办"。

3. 开发居民涉房服务平台，切实关注居民涉房问题的有效解决。优化上线一批与机柜操作一体化的高频涉房应用程序，根据用户使用频率数据分析将长期、多次使用涉房服务应用的用户进行归纳和整理，并统一邀请进入有关服务公众号，提供一对一品牌化运营的线上咨询和服务；更新和添加一系列全国性的服务应用程序，收集住宅服务问题作为应用场景，创建相关产业的各方面线上运用服务，例如线上专家咨询、线上资产评估、线上服务咨询等项目，重点关注民众的期望点，在互联网上提供新的管理体验，通过对线上用户资料的分析，大体掌握用户需求，进行数据投送和服务推送，深入了解居民涉房业务需求，打通解决问题的难点，提高线上居民涉房服务的解决效率，做到居民涉房服务管理的"一网通办"。

三、和"一网通办"相关的共享养老信息协作平台

（一）"一站式"档案服务平台

在分析当前档案需求与档案服务之间矛盾的基础上，探讨了新冠疫情后档案服务的策略。建议创建一站式档案服务平台，提高服务便利性，利用现行数字技术的能力，进一步深入开发数字技术人文关怀的领域，力图做到在数字化发展的同时，数据人文关怀同步跟进，实现高质量、高效率、促人情、暖人心的大数据业务办理模式的进步、发展和深入实现。

1. 研究的意义。在后疫情时代，人们有了更强的平等感和信息感，体验过疫情防控时期的数字化便捷之后，对于不同区域之间数据差和信息差的忧虑也随之而来，人们不由得开始注意到自身与外界之间的"数据鸿沟"，为减少数字化差异，信息化的社会变革正在伴随着技术的发展不断被催生。以信息技术为核心，弥合数字化信息差的手段不断出现，加快了不同区域数字经济的创新和发展，为传统社会的数字化转型提供了强有力的帮助。在档案服务方面，人们更加看重的是其作为社会公共服务的重要组成部分，其涉及的内容包括我们生活的多个方面，因此加强对档案服务的更新改革，应该充分体现它的广泛性和多元性，注重服务矛盾的变化，并在新的发展形势下探索档案管理服务的战略规划，以更好地适应后疫情时代的发展。

2. 档案的利用需求与档案服务之间的矛盾分析。这种矛盾体现在：用户的需求和档案服务的成效不匹配，从低向高过渡的档案均等化与服务保障不对等，对优质档案资源的需求与档案知识服务水平不相称。

3. 促进平台全方位设计，提高业务办理便捷度。平台建设在业务服务方面起到至关重要的作用，要想加强业务办理能力，提高业务办理效率，建设多方面全方位的服务平台是当下结合互联网发展进行探索的有力举措。

（1）平台开发的可行性。平台的构建可以根据地区的不同进行划分，其

主要划分的依据是按其地方的性质和内容不同决定的。同时，平台可以将不同地区的档案建设作为网上工作的一个节点，通过统一的管理多方面的渠道，打通各个地区之间的信息交流，提升信息之间的交互与联通，更好地满足客户对信息的查询和搜索的要求。在此基础上，依托现当今最流行的信息技术系统和互联网管理系统软件，拟合档案，缩小用户和档案部门之间的差距，提升平台开发的可行性和一站式服务的工作效率。

在档案服务平台建设方面运营能力的强弱是重要的影响因素，应当着重处理和完善的是档案信息的录用和整理部分。有别于传统的档案服务平台的是用户现在可以利用互联网信息技术，独立地进行服务的调查和咨询功能；平台的建设应该注重独立的数字化资源管理系统，提升资源的归纳和排列，使用户在查找资源时不陷入数字鸿沟和信息壁垒的困境，提升用户查找信息的质量，提高用户的查找效率；平台应当顺应当前科技发展的需要，运用先进的网络资源和开发技术，打造更加时尚、便捷的服务平台，提高平台的工作效率和使用舒适度，促进一站式平台的发展。

（2）平台应用的适用性。在实践中，档案服务的应用越来越普遍，档案服务为个人服务的缺陷也越来越明显，特别是人们对优质公共服务日益增长需求的情况下，在实践中提出了"同流程双模式"，它是指支持在线和现场档案服务，统一服务平台上的业务流程。使用者可以打破时空的限制对自己所需要的内容进行查询，保护其选择提供服务的方式的权利，从而简化和节省总体使用和维护成本。在提交申请前，档案部门的服务咨询、归档过程和收集实现以图形、文本、音频、视频等多种形式向用户确认。身份验证完美地取代了现场用户身份验证，而存档文件完全取代了原始手动填充。电子流程、在线处理和其他形式使员工摆脱大量重复、机械和低效的手工作业，充分享受计算机带来的科学"红利"的轻松和效率。同时，平台应该统一使用相同的档案开发流程，打通信息渠道堵塞的短板，促进信息交流的速度提升，促进档案工作更加标准、更加专业，提升用户的体验度，减轻服务时烦琐的信息分路，促进对用户需求的进一步分析，提高对用户信息所需质量的完善，为用户提供满意的服务，为管理提供不竭的发展动力。

（3）平台运行的安全性。随着信息化与智能化技术的发展，信息智能已经成为现在网络平台处理信息不可或缺的一部分，然而让人们担忧的是好的一方面没能更快地发展，坏的一方面导致问题滋生也在加速。当前全球信息面临着黑客技术和病毒的侵扰，不少信息管理系统由于防卫不当或安全系数较低造成的信息泄露的问题时有发生，平台的建设需要对信息的安全性保障做到充分的管理和提升，需要建立相当安全的平台信息防护壁垒，切实保障使用者的信息安全；平台在程序开发上应当尽量使用国内比较先进的程序语言、市场上安全系数较高的保护软件；应该加强人员对平台信息的管理，加强各信息渠道之间的人员管理办法的制定，定期对信息进行搜索保护和筛选，对不利于信息保护的系统软件进行清理，并且不断提升信息保护人员的知识素养，确保信息不泄露，提升服务效能，做到信息安全为人服务。

4. 平台功能研究。"一网通办"平台包括民生档案查档、督办管理、流程管理、权限管理、电子文件保全、电子签章、居民身份证网上功能凭证（CTID）身份核验等基本功能模块。

5. 运营流程。民生类电子文件归档流程可以先在自身业务系统对电子文件及元数据进行收集和整理的自动预归档里进行，对完整的归档信息进行清点和生成验证信息，然后将归档信息包脱离业务系统交换到民生档案"一网通办"上进行正式归档，这时的归档信息包进行数据交换、归档检测、整理编目等过程，最终形成民生类电子档案。

6. 效果。

（1）以数字技术赋能资源开发，增进服务深度。截至目前，信息的收集和处理主要表现为对历史文献的研究、沉浸和精读以及文本研究。这种传统方法已经使用了几十年甚至几个世纪，但存档的结果只是资源系统中的冰山一角。为了加强档案资源开发，提高科学研究成果，将传统的人为档案管理更新为现代化大数据档案管理，提高管理效能，增进管理能力，利用机器学习（人工智能）、信息可视化等方法，解决传统档案管理下的信息查询困难、档案管理人员不足、档案办理程序烦琐等问题，开发人员根据用户需求快速实现知识生产和更新。数字技术活跃资源的开发为大型档案资源的开发显示出了巨大的应用前景，在未来的发展过程中，现代化档案管理将为社会的发展、传统信息的各方面改革和提升提供不竭的动力。

（2）注重人文关怀，提升服务温度。2021年7月，世界卫生组织在雅典举行的一次国际会议上表示，新冠疫情对人类心理健康的影响是"长期和深远的",并敦促所有国家予以关注并采取适当行动。档案部门工作涉及最基层百姓民生,应更加注重人文的管理建设,在提供高技术服务的同时,也应提供温暖的人文关怀,体现更多的社会福利和文明发展。实施改善家庭档案、充分发挥档案馆休闲时间的作用、帮助人们组织心理咨询、介绍档案馆的独特价值等措施。在档案服务中,提供温暖的服务更为重要,尤其是为了体现疫情后的人道主义关怀,创造友好温暖的社会环境,提高用户满意度。

(二)档案服务和区域"一网通办"服务平台的嵌接

"一网通办"是指在政府的服务过程中加入互联网和信息化的智能手段,保证政府在各方面的服务更加的自主和高效,同时,对推动政府数字化建设有极为重要的作用。在民生和民生管理工作等方面也提供了极大程度的便捷,"一网通办"促进了不同地区和乡镇之间的无差别信息处理以及信息管理,同时,在现有的"一网通办"的规模服务上,我们可以清楚地看到其取得了先进的成效,对于基层治理模式和档案管理方面也有了极大程度的提升。"一网通办"贯彻了以人民为中心的发展理念,顺应了当前时代发展的潮流和信息化趋势,同时,也满足了人们对信息化服务的渴求和对信息化服务的向往,真正切实高效地解决了百姓办事困难的问题,提高了政府的工作效率,是政府转型化升级的重要突破。

1. 档案线上服务。档案线上服务旨在利用大量的信息服务系统支撑档案信息,为用户提供与其相适应的信息化服务和产品,它是基于当今数字政府和档案资源数字化能力发展的综合服务体系。档案线上服务利用当今大数据的信息智能特点,将数据中的信息转化为可利用的活信息,并且在时间和空间上弥补人员之间的数字差异,能够及时地向需求者提供相应的并且能够解决其问题的智能信息,与此同时,我们也看到处于发展的初期阶段存在的一些问题,如需要多方面技术支撑的档案服务面临着部分技术发展和更新的困难,偏远地区档案服务的信号覆盖难以做到全方位、多层次的高效覆盖。因此,在档案线上服务建设当中,依旧有很多需要完善的发展空间。

2. 档案线上服务融入区域"一网通办"政务平台的意义。

(1)档案部门和政府部门能打通信息壁垒,做到信息互联共享,其极大程度地促进了政府内部事务的办理和信息的协调。通过对民生系统的信息交换和信息联通，方便百姓足不出户地办理业务，同时，也提高了政府办理工作的效率，对档案部门的工作建设也有极大程度的借鉴意义。借助"一网通办"政务服务平台，档案服务能够更好地面向公众，并提高其社会化利用的能力，为服务需要者搭建更好的平台，实现百姓对档案建设服务信息化的向往，从而推动数字化转型和智慧城市的建设。

（2）有助于提高档案服务能力，满足公众多样化信息需求。档案服务平台化建设，有利于满足人们对不同信息需求的体验，同时，档案服务智能化，能够提高政府的工作效能，并且打通了服务的时空限制，极大程度地提高了服务的满意程度；在服务意识方面，档案的平台化建设加强了对公共服务的思考，并且展现了政府运用更多精力收集和开发公共需求的作风，体现了为人民服务的工作宗旨，通过提高档案的安全性和服务性，为数字政府的建设提供了有效的动力，并且在各个方面进行了多项并举的开发和利用，例如，围绕图书馆档案建设多种形式的综合服务创新了图书馆服务的途径，为人民群众提供了更好的服务模式和服务体验。

3. 档案线上服务融入区域"一网通办"政务平台存在的问题和解决对策。档案线上服务融入区域"一网通办"政务平台存在的问题主要体现在组织层面上档案部门的线上档案信息的数量和质量未能按照"一网通办"政务平台标准和要求处理；内容层面上，"一网通办"政务平台的档案服务板块设置单一化和同质化；质量层面上，线上服务依旧需要重复提供和多次提交；交互层面上，互动信息不展示，咨询信息未能及时得到回复。

对于存在的问题，可通过强化平台基础，推进两者的深度融合；在档案内容上深化，更加便民；档案形式更加丰富，提高便民指数；构建信息反馈机制，提高用户体验度。

（三）各区域平台联网——全国档案查询利用服务平台

通过各区域平台联网，全国档案查询利用服务平台的发展呈现出多方面的优势，其主要优势体现在对群众的问题解决上，减少了传统解决方式下的办事难、办事烦琐的问题，同时，在全国档案查询利用平台的发展和进一步深化方面有更高的空间去展开，充分考虑全国不同地区群体的需求，努力减少因数字化导致的不同地区的信息鸿沟和数据差，进一步提高平台的信息安全防护水平，提升政府对平台的有力建设和群众对平台的关心程度。在全国范围内，档案建设服务平台受到了各地区人民和政府的好评，其在今后的"一网通办"建设当中应当更加注重问题的解决、办理能力的创新和进一步发展。

问题的解决可以从以下方面入手。

第一，正风肃纪，遏制权力滥用。各级管理和监察部门应当充分发挥自身作用，在对网络"一网通办"各平台监察上，要切实做到清正廉洁，强化内部纪律的监察和整改，对案件处理方面应当切实维护群众利益，相关党组织部门必须坚持以人民群众为中心的工作理念，担负起主体责任，通过加强对档案部门的监督和平台化工作的治理规范，做到对平台日常工作管理精细，政府"一网通办"不走样，坚持为人民服务。

第二，塑造敢于担当的政治风气。相关的基层党组织要通过对"一网通办"和现代化信息技术的学习，增强个人的素质和本领，对于改革和进一步深入发展提出有关的见解和建议，深入实施和推进政府工作的发展，并且切实联系群众，倾听群众建议，保持积极干事的能力，同时，主动激励能作出贡献的干部，使其带动部门工作人员一同进步。

国家印发的一系列相关文件指出，在对跨区域办事和帮助老年人跨过数字鸿沟的方面，政府应该起带头作用，在相关方面进行服务的人、文化和老龄化关照方面做进一步推进，为消除老年人数字差异和办理服务困难的问题而进一步奋斗。同时，应当增强对"一网通办"平台的进一步建设，利用信息化技术和便捷的服务手段，为一网通办平台提供重要的支撑。在档案平台工作的治理方面，应当发挥其独特的优势和职能作用，加快开放档案审查，根据人们的需求和意愿，提高自己的效率和服务水平，针对性地满足不同需求人员的服务，提升服务质量，进一步增强为人民群众办事的荣誉感，增强人民群众对美好生活的向往，同时，推动政府的数字化转型和国家治理体系治理能力的现代化。

在相关部门和平台推广优化的方面，专业档案、媒体和行业媒体的作用不容小觑，政府应该助推有关部门与传媒行业进行联手，使平台成为档案行业"一网通办"的窗口，促进窗口在各大机构和平台上面的发展和推广，不断提高行业的知名度和影响力，同时，加强对平台反馈系统的建设，充分收集民意。国家档案查询和使用服务平台作为一种新的模式，需要不同地区对使用问题的频繁反馈才能优化用户体验和办事流程，其中，使用服务平台上线是聚合归档资源和提供归档使用情况的重要一步，只有积极开放和使用档案，才能确保未来更新的平台在与养老结合的模块设置上具有更好的功能和提供更好的养老服务。

专题六

养老——"一网统管"协作机制

伴随着数字化技术的不断发展，政府的数字化转型成为大数据人工智能技术由物理空间向智能化时代转型的重要标志。其中，尤为重要的是智慧城市的建设，而智慧城市建设的主要特征就是"一网统管"，它对当今社会具有重要意义，对今后智慧型城市的发展会产生深远的社会影响。

一、"一网统管"概述

（一）研究背景

1. 信息技术与虚拟空间演进协同发展。虚拟空间的研究可以分为多个方面，许多科学家对此进行的多方面研究充分体现了虚拟空间发展的价值。从文化方面来看，虚拟空间同物理空间是一样的，它能够极大程度地联系使用者进行信息的交流和传递，同时，能够迅速地收集来自不同方的意见和建议，为社区化的文化构建和城市的建设提供了有力的探索路径；从城市的覆盖面来看，虚拟空间的研究可以在保持空间规划和城市的进一步发展当中起着重要的作用，它可以提供相关数据，推动新一轮的城市建设和数字化更新；虚拟空间的重要作用就是将城市基础设施建设和现当今发展迅速的数字化相连接，通过数字通信技术激活城市物理空间和社交网络，为城市的信息化发展提供了新的动能，创造了真实和虚拟共存的第三空间。但我们同时也看到，数字化信息技术带来的弊端也是日益凸显的，尤其是大数据和大量的数字信息对不同地区的冲击，从而形成了个体信息鸿沟和地区数据不均衡等多方面问题。这些信息压制了人们的公共空间，引发了群体中的个体心理不适，阻碍了城市精神空间的建设。对于城市管理和服务功能，协调系统的组织功能和整合不同区域的异构数据资源显得尤为重要。

2. "一网统管"是当今数字化形势下善治的必然要求。当今数字化技术的不断发展证明数字技术在时间和空间一体化方面的优势已充分体现，它可以极大程度地解决常见的公共问题，提出全面的解决路径，并且对数字化政府的转型升级也起到了重要的作用。数字技术作为国家一体化和社会治理的新手段，通过数字城市管理可以实现数字城市治理的最终目标，即安全有效地使用数字技术可以提升政府的管理治理水平。在这其中，数字化技术实现的数字善治有内外部渠道两种方法可以有效提高城市的管理效率。外部渠道和内部渠道的共同协调运作实现了面向公众需求、调整及运营结构都充分吸收公众反馈，从而适应公众需求的工作运行。对于两者的制约因素存在于多方面，其中，最为显著的是外部路径受社会环境结构的制约，内部路径受等级结构的制约。无论是多方利益相关者治理社区和综合治理平台的协作机制，还是利用数字技术实施精细、动态和可预测的城市治理，都需要数字技术能够跨多个渠道传输数据，整合和共享治理部门和单位的类型。在这其中运用现行阶段较为发达的地理信息系统和其他智能算法等多方面素质的支撑和提供，可以有效地将内外部环境中的不利因素消除并强化，加强内外联动和有效治理，最大限度地提高政府数字化技术的管理效能，满足各方面公众的需求。

（二）"一网统管"概念提出

城市管理的"一网统管"指的是利用现行的大数据和人工智能等新一代技术，整合城市不同方面的全新的信息，通过"数据+算法+算力"三位一体，产生一种新的信息积累和认知过程，打破系统信息的壁垒，开放各个产业部门，促进信息高效有力联通和传递，借以提升城市治理的效能。在"一网统管"的协助下，有助于相关管理人士准确地认识发展问题，并且及时对接群众需求，切实深入调查研究，提出最新的解决方案和全面研究的评估情况。同时，也可以在管理过程中提前预防风险，协调相关管理部门进行线上线下双向联动管理，为城市的管理和决策各项工作提供科学的支持。这实现了城市资源的优化配置、对城市状态的智能干预和城市的进一步发展，使城市发展能够不断向更高的水平迈进，创造城市治理的"全部价值"。

（三）"一网统管"实践效用

"一网统管"以数据资源为中心，驱动力作为一个循环的数字治理系统，对于数字政府的提升起到了重要的作用，它可以关注整个城市的运作和运行周期，并且为城市的基础设施建设和行业数据统计等进行多方面的数据收集和数据归纳，从而构成数字和物理城市二元空间相互协作的体系，以支持数据开发和应用。针对城市治理的不同实体和环节，为城市级运营管理、领导和决策以及公共服务提供数据支持，并在整个链中释放城市数据的价值。

近年来，从中央到地方先后出台了相关政策文件，并进行了不同地区规模的加快城市建设管理的"一网通办"的服务项目。中央政法委员住房和城乡建设部等国家部委发布了多项重要文件，强调了要加强城市"一网通管"与数字化城市建设相结合，发展数字经济，加快数字社会和政府推动生产力的转型，多项并举，共同进步。对于不同城市积极推动"一网统管"的发展模式，进行不断的信息整合：首先，政府应该提升数字化的建设水平，为"一网统管"的全面建设提供有效的数字化支撑。其次，应当将城市化分为不同形态的城市管理数字区块链，通过统一的网络将城市的不同分区进行连接，并且围绕该标识符形成主要的数据区块链，加强不同区域之间的数字化连通和交流。最后，在城市不同实体的区域建设当中全面部署信息设备，实现城市区域主题和整个周期的三维感知，全面了解城市运营和发展情况。

"一网统管"的优势是基于城市运营和发展状态的实时感知和动态监控，能够及时有效地反映城市数据的运营情况和对城市发展的风险评估，在城市综合运营指挥平台上提供科学决策支持，为城市的建设和城市管理者提供有效运营所需资源，并且在城市运营状态下提供智能而非手动的干预，做到全科学化和全精细化的信息提供，形成数据价值闭环，促进城市运营系统的演进以及城市的可持续发展和政府的转型升级。

（四）"一网统管"的框架体系

在"一网统管"的基础上，可以将城市管理和公共事业的发展分为城市内群众的需求、信息的整合归纳、决策的制定和实施、解决问题后的反馈的四个大类。对于此方面的问题，"一网统管"可以发挥其数据和服务的协同作用，对于操作整个城市治理全周期过程中的各项问题提供有效的解决方案，特别是在数字化经济下国有企业需要政府提供的信息服务等问题，"一网统管"可以充分满足国有企业对政府的数字化信息需求，加强国有企业与政府的相互协作，促进数字政府和数字经济共同发展。"一网统管"在经济潜力的释放方面，可以根据其对城市资源的协调和自我发展的特殊能力为城市的全周期管理阶段的进一步深入提供数据的归纳投送和有效的建设帮助。

"一网统管"对于支持数字化城市的转型，经过长期的发展可以归纳为以下三个框架：一个基础奠定的作用、一个中心能力的提高、三个情景智能的应用。通过对三个框架的深入实施，"一网统管"可以全面、实时地识别和监测城市的发展情况，以智能枢纽为中心，为城市数据中心实现时空数据和城市物联的多项合作，从而提升城市的数字化治理水平。在这其中，数据中心实现了时空数据城市物联网触摸数据社会，对互联网数据等多种来源的大量异构数据集中处理，并利用人工智能服务，支持城市各地区的企业系统，使城市能够积极地为其提供发展所需的信息数据，实现多元事件报告、智能事件、集成历史案例、协调智能工作映射等闭环的操控流程，最高水平地提升城市治理、生存、服务和产业的发展，为智能应用场景和城市管理、市场管理等多个方面提供有力的数字化支撑。

二、"一网统管"治理逻辑的分析

（一）物理空间

物理空间在通常意义上表示自然空间或真实位置可以用距离、面积、体积维度等单位进行测量。在"一网统管"的数据建立过程中发现，数据平台的建设和数据收集单元的采集布局已经成为当前政府"一网统管"建设过程中物理空间进行转型的重要方面。作为数字治理，可以依赖基本物理空间的感知，在一定的数据支撑下，反映城市中实体与现实的自然属性，同时对人们各种社会活动的评估提供有效数据参考，整合到各种信息基础设施中的物理空间，以技术载体的形式存在，以有形和无形的方式呈现整个智能城市，已成为城市数字治理不可或缺的"刚性"物质基础。

（二）精神空间

在"一网统管"的发展基础上，我们可以清楚地发现，面向人类需求和城市发展的重要因素，其中还包括精神空间的建设和对文化空间的建设。精神空间表明了一种超越功利主义的价值，体验主要集中在以下几个方面：城市中的居住个体愿意长期留在城市，并且与城市建立空间上的联系。渴望城市可以满足其生活需求。在城市的建设和管理方面可以进行建议的吸纳，并且从城市的精神环境建设中反映其价值和尊严，并产生相应的思维需求，形成社会互动。

面对人们日益增长的对美好生活向往的发展需要，城市基础建设不单单仅存在于对表象的建设，在精神领域的建设也显得尤为重要，一种适应城市核心价值观取向的城市精神也应纳入"一网统管"建设的重要部分。关于"一网统管"的精神空间建设，要与信息技术的智能高效应用密切相关，在以服务为向导的政府理念深度融合的城市空间规划中培养的有关高素质人才，能够为影响个人和群体的认知以及行为决策的心理空间的建设提供更加有意义的建议。只有打破技术和体制建设的僵化要素，结合基于情感和价值观的灵活要素，才能有效提高城市空间治理能力。

（三）社会空间

社会空间产生于社区的互动中，反映了个人或群体的社会环境和社会关系的特征，社会空间既不同于设施和设备的物理空间，也不同于精神和心理层面的精神空间，它由事物和事物之间的各种相互关系构成。"一网统管"

的发展与政府数字化转型，在社会关系层面上对城市空间的设计产生了深刻的影响。首先，它以一种城市治理的制度规范，在维持社会公众以及城市发展的方面起到了重要的作用，同时，在城市发展中，社会公众的个性方面也提供了有效的交互空间，为城市的社会空间建设提供了有效的数字管理和转型动力。在"一网统管"数字建设的深入发展中，我们需要建立与系统相对应的关联机制，为公共事务和社会活动提供回应的背景，在数字治理过程中，社会空间要反映数字社会关系的适应和政府制度的转型过程，对社会不断影响渗透，以潜移默化的形式将数字治理与制度化建立和程序化监管机制相互融合，维护数字治理的秩序并且使之运行。优化和完善管理机制的制度更新是适应社会关系变化、提高新管理背景下城市管理能力的刚性制约。

（四）虚拟空间

数字程序和人工智能技术不断发展推动虚拟空间不再仅仅局限于视觉场景，而是真实地转变为可体验的实际场景，在城市治理过程中，融入虚拟空间的治理，可以将传统的物理空间转化为数字、平台甚至转化为虚拟区域。然而在城市治理过程中，开发虚拟空间所面临的问题也是相当多的，它取决于虚拟空间政府解决的多项问题中权力的一致性，以及在国家高层设计的虚拟空间布局中所展现出开发的有效性。在现行发展阶段，虚拟空间已经不断融入到部分地区的政府数字化管理转型过程中，并且已经为城市的治理效率和治理能力的提高提供了有效的支撑。但是在虚拟空间城市治理过程中，对于数据的整合和数据的分析，仍存在很多的技术问题，通过构建数字政府平台进行数字化转型升级，也需要政府的不断深入和社会民间的共同努力来推动政府虚拟空间建设顺利进行。

三、养老"一网统管"的闭环支撑协作系统

（一）运行机制

1. 基层"一网统管"。已有的城市区级层面的基层"一网统管"经验表

明，要建立区级数字治理下的全区业务部门、街镇的数据资源的感知端、存储数据的云端，做好信息中心数据增量建设的多部门数据整合闭环管理；通过对个人信息的录入、系统平台的认定和线上信息的绑定、便捷的在线指挥方式、结合监控的触发处置流程，使线上信息负责到人的实施调度实现了事务处置力量下沉，疏通民意、收集渠道、处理民意、收集信息成为统筹整合各街道层面的管理执法服务等力量的"一网统管"的闭环网格，使基层问题得到有效的解决；依托区级信息中心对接公安力量，以有效管辖为原则，通过精确的地方管理系统平台和在线指挥功能，实现地方与统一管理的网格数量与边界一致，解决基层治理网格与警务责任网格不匹配的问题，提升在线处置效率，促进治理的加强；各地区结合线上政务部署的网络化系统和不同的应用程序，通过人脸识别等信息录入系统进行系统的管理，借助开发在线联动指挥功能和街镇承运系统平台，都可以实现线上线下协同办事，推动办事质量的提高、治理效率的提升和治理效能的发挥。

2. 上海市"一网统管"。以"一网统管"城市数字化转型治理的典型代表的上海市为例，对"一网统管"在现行数字化转型的重要工具所发挥的作用进行分析，对智慧化城市空间塑造的逻辑提供有效的借鉴经验。上海推进"一网统管"的政策相继出台是从 2017 年成立浦东新区城市运行综合管理中心开始的，到了 2018 年，上海市首次提出与智能及精细化密切相关的"耳聪目明、智能研判、四肢协同、动作精准、动态调整"的城市建设目标；直到 2020 年 2 月，加快推进城市运行"一网统管"的目标在《关于进一步加快智慧城市建设的若干意见》中明确提出，并于同年 4 月在上海市委常委会会议上审议通过了《上海市城市运行"一网统管"建设三年行动计划》。

"一网统管"作为数字化治理的重要依托，其意义是在制度和技术的双向并行保障下社会问题的及时发现和对管理问题的及时预防，同时，提供有关的数据信息和解决方案以及科学决策，为城市管理者和发展者提供相应可靠的借鉴信息，做到有效防范潜在的危险，在线上线下的互联互通中实现与各类业务的有效对接，使城市治理中显现的问题得到有效的解决，实现成本与效益的最优化。上海市城市运行的主体架构是"三级台、五级应用"，按照市本级、区级、街镇、城市网格、社区或大型楼宇的五级应用分层赋能的原理设置了数字化运作空间体系，五个层级之间的关系是前三级着重于发挥指挥协调功能，后两级则作为社会问题进行现场处置与及时干预的事务处置的最前端。数字治理中的"数"主要是数字治理所依赖的基本数据单元，上海市已建构城市生命体征监管数据库（城市基础设施、城市安全与城市活力等），这一"数"据的完善是政府决策的重要信息基底，数据越完善，实体城市运行中心与各类智能感知系统对原城市物理空间的嵌入深度越理想。

"一网统管"下的数字治理所依赖的数据，分别为实体城市运营和各类智能感知系统对城市的分析和归纳。其中，"一网统管"当中的"网"在于实现数据的整合与共享。上海数字化治理中依托物联网的做法是2020年上海市建立物联网运营中心时，按照对该项物联网系统的分析和感知投放支持城市运营中心的第一批感知设备，通过不同层级的城市运营中心发挥重点的统筹支撑城市枢纽运行的作用；通过分层赋能管理的精细化和科学化地对不同区域街镇和城市网格设计的应用体系的建立，对社会问题现场的处理和问题反馈进行了科学有效的及时干预和提出应对决策，用数字化治理的优势为政府数字化转型提供了有力的支撑。

（二）动力机制

1. 自上而下的任务分配和自下而上主动加码的情境形成闭环。"一网统管"下的数字治理，被现行的各街镇称为提升治理效能的可行路径，它不同于传统的网格中心——与社区工作人员联动治理的工作方式，而是以平台和线上线下相互联通进行工作，用平台发放工作任务，同时与有关方面的工作人员进行作业协同，提升工作人员的工作精准度，极大地提高了工作效率，推动数字化政府的转型与升级。

在"一网统管"的治理下，市区两级党委政府与治理绩效水平较高的城市进行成果沟通，围绕城市运行管理设立新的职能部门，并统筹数据，进行进一步的深化分析和道路探索，发现在"一网统管"治理下存在一些问题，其中主要包括市长热线和民生热线的反馈问题都是个人或单位形成的个体信息，没有统一的信息整理和处理，易导致数据上的缺失。在问题解决的方面，借助任务完成的数量统计和自主创意治理的实时数据排名作为管理排名，就能有效激发各个街镇追逐绩效排名的动力，不仅发挥了数字治理的效率优势，也为城市的管理注入了新的动力。在这种情况下，可以充分地调动治理者的主观能动性和科学决策的能力，加强对数字化的高度利用，推动自上而下的任务分配和自下而上的主动加码的情形形成闭环。

2. 获取社会认同与支持。"一网统管"下的政府治理要结合新的技术治理手段和社会的认同与支持，如果两者中的技术应用再好，没有群众的支持，政府工作在开展上也无法取得令人满意的成绩，政府要得到社会的支持，可以从多方面进行入手。首先建立社会支持系统和群众联系体系，结合数据捕获触发的单向闭环问题处置流程，精确识别公众需求以及自主派单到治理网格，让数字治理在专门部门设置中急群众所需、切实解决群众"急、难、愁、盼"问题，才会得到老百姓的支持，实现了社会认同。一般来说，在政策执行过程中社会认同是对数字治理系统的一种认可和个人的支持，是城市政府治理中增进与社会公众的相互联系和提升其治理绩效的一种手段。

（三）约束机制

数字善治的理想途径中包括国家与社会公众产生的共同价值。在数字治理方面，可以从内外路径进行详细分析得出结论。

从内部路径来看，数字善治的约束机制主要形成治理前的各个渠道、部门、类型的多元主体。在城市治理的过程中，对于现行的地理信息系统和多元的数据化进行汇集共享，同时，利用大数据算法对所需信息进行来源追溯，可以充分体现出城市发展的现状和即将面临的问题，对城市治理的全貌和未来事态的可预测性不断增强。

从外部路径来看，数字善治的约束机制是数字城市治理的设计与运行，它不但要充分地惠及民意信息和社会公众的需求变化，作出动态的调整，还要将现行的数字化治理与正在发展中的数字科学技术相结合与匹配，更好地联系群众。

通过对以上两种路径的分析可以看到，科层制和社会环境形成有效的通融，克服数字治理当中的信息短板和群众联系信息，误差是突破数字治理瓶颈的关键，同时，数字城市治理效能的利用最大化地发挥也要以数字信息技术的支持和国家治理统合社会的新手段为重要支撑力量。"一网统管"作为数字技术支撑的一种治理实现方案，在了解其可以成为国家统合社会的新手段后，可以进一步地对其探索和研究，充分地运用到数字化政府的转型升级中，突破发展瓶颈，弥补约束机制，从而实现治理能力，治理水平的现代化。

四、养老"一网统管"协作机制需要注意的关键问题

（一）技术层面的信息基础设施不完善

"一网统管"实践主要依靠强大的信息基础建设作为支撑，如果现行信息技术无法达到其所需要的水平，则即会引发管理的新问题出现，然而目前我国大多数城市所面临的问题是对城市的技术水平的提升的瓶颈，以及部分城市的技术水平未能达到"一网统管"所需要的信息基础设施科技水平。以黑龙江齐齐哈尔市养老机构实行全封闭管理模式为例，为养老机构提供充足的基础设施是重要的，但现场检查并不能全方位掌控养老机构的人员出入物资配送等实施情况。为此，政府充分运用养老服务监管指导中心的安联网平台成立工作小组，以轮流查看监控视频的方式实施线上线下的集体监督，切实保障养老机构中老人的身体健康与生命安全，以信息化技术为养老各方面筑牢安全的壁垒。但同时也反映出，养老基础设施在信息层面还不具备充分完善的体系，需要进一步对基础设施进行更新换代和跟进建设，争取在"一网统管"养老的基础上实现全自动化监督模式，提高监督工作效率，提升养老工作安全性。

根据该案例可获得的借鉴措施如下：

（1）在设备调试方面，应该确保线上监管覆盖面积的最大化，有关单位应对养老机构现有的监控设备进行更新换代和调试，并且对于监控所覆盖的角度问题进行充分的讨论和研究，做到监控所见的地方无死角，充分保证老人在养老机构的安全问题，为打破硬件设施和数据孤岛，应形成监控系统与管理网络的一条线连接，为养老机构提供最快的信息输送和信息传递，通过养老服务监管指导中心的显示大屏将所有摄像头的画面与在线情况实时投放

到大屏上面，为机构和老人的生命财产安全保驾护航。

（2）在资源配置方面应当优化资源监控，配置发挥管理人员和设备的相结合的效率，最大化监控方式可以采取人员、设备不相离的方法创新利用互联网智能监控化平台，保障全区养老机构防控不留死角，确保机构有序平稳运行，同时，有关机构可以成立监控小组，队员通过实时监控、视频回放等手段，确保养老机构24小时监控到位，并且在问题发生时可以及时赶到现场，作业小组和技术双向合作，提高监控的管理效率和管理水平，为老人的生命安全提供充分的保障。

（3）在"一网统管"的运营过程中，形成工作日报机制，即有关养老监控人员每天将所监控的地区进行详细的记录，并形成每日工作台账，于每天定时向局里汇报，相关的管理人员通过整合养老机构视频监督的数据，搭建视频会议系统，实现多个养老机构的信息协同，对发现有一定风险的监控区域进行整改和修复，充分保障养老机构的防控安全，为老年人的生活提供更加有力的数字化保障。

（二）数字伦理风险

城市作为一个复杂的运营系统，其内部结构和各个系统之间的动态水平变化应得到均衡的相互调动和频繁交流，使不同地区、不同领域与主体之间的关系得到连接、作用得到充分的发挥，然而在新一代信息技术的应用中，衍生出的层次和系统联动的问题存在着一定的风险，如果不加以治理，将会演变成数字化管理系统的致命危险。其通常表现在接触场景中所运用的课题的复杂性与社会关联性的手段上。通过监控和全域布局来收集地理信息，并且将数据的实时动态展现在具有调度功能的城市运营平台中。然而在数据收集的过程中，曾发生过数据被技术合作方的工程师拷贝，导致信息泄露发生后数据的遗失和个人信息的泄露，这对于数字政府的治理产生了极大的不利影响，它会使公众对于信息化手段的安全性产生怀疑，同时，政府部门在行使职权的过程中聚集着大量的私人数据，伴随着数据规模的不断泄露，往往带来巨大的损失，降低公众对政府的信任感，从而影响到了政府的管理工作，并且不利于政府的数字化转型与发展。

（三）技术异化的客观趋势

数字治理实践中，治理技术依赖于不同公式的应用，也就将社会事实裁剪成截然不同的符号或标签，复杂的会计制度和公式都依赖于算法，算法的设计和开发既是数字技术进入治理领域的先决条件，也在一定程度上决定了数字治理机会的局限性。同时，政府对算法的规定更多基于商定的条件，并没有严格的核查机制。

至于法律本身，它主要基于政府主导的高层设计和与数据支持公司的有效合作。市政部门提出的要求是商业企业参与设计的先决条件，但科学思想的整合总是需要资金和权力作为保障。数据公司算法逻辑在政府数字治理逻辑中的持续、深入的渗透自然带来了对实用性的偏好。这种以市场规则为特征的偏好不可避免地倾向于商业逻辑。

政府在技术和算法层面对数据公司的过度依赖不仅有可能因市场单位的不确定性而受到政府数字治理的破坏，而且考虑到预算因素，城市智能的发展将不可避免地导致未来功能的增加和技术服务的高成本。与此同时，动态的公共决策环境对决策科学提出了更高的要求。在城市化进程中，城市规划决策的内容和目标也在动态变化，基于历史经验和主观判断的传统决策模式必须基于更广泛的信息和意见。然而，在知识、资源、技术等驱动的复杂性和不断变化的决策环境中，通常不可能提供快速、良好和准确的决策解决方案。错误的决定会带来更多的社会问题和潜在风险。

（四）全国性的协作机制难以闭环

大数据、人工智能、区块链等新一代信息技术逐渐成为城市治理的"锐器"，上海"一网统管"、杭州"城市大脑"、南京"数字治理"、南通"市域治理"等各类代表性集成应用，为社会提供了更加优质的公共服务，提高了城市的治理效率。然而有些城市政府存在"技术至上"的认识，盲目构建大规模信息技术项目，并不明确定义自己的需求和目标，远远不能提高治理效率。尽管在数字化转型治理中建立了一个不受阻碍的意见渠道，但真正意义上的多代理共建尚未实现。如何获得"政府支持""公共利益"和向多方利益相关者协作建设过渡,以确保数字治理在数字转型治理中为公众带来长期利益,是建设更符合群众心理的城市社会空间的重要选择。

城市物理空间的智能化和城市生命体征的构建,都依赖于数据采集和提取,而大型智能信息采集单元的布置以及数据的动态传输和分析与个人信息的保护直接相关。防止数据丢失以及确保收集和使用对城市来说非常重要的数据,对于维持城市空间规划至关重要;治理的数字化转型和治理效率的提高主要依赖于各种人工智能技术来构建虚拟或半虚拟交互空间。然而,数字治理转型的主要目标是优化其管理方式并加强治理能力。因此,在数字化转型治理中,还需要关注技术和活动,强调线上线下互动和整体协调。此外,人们的兴趣感和归属感是城市人性化的重要表现。在技术为善的逻辑中,在城市数字化转型过程中尊重人性和实现人类关怀是城市建设的重要目标,也是数字政府建设的精神目标。

1. 让协作机制形成闭环,需提升个人数字素养与技能。人和技术是协作机制形成闭环的两个重要因素,《提升全民数字素养与技能行动纲要》中对数字素养与技能的界定是指数字社会中,公民在学习工作过程中应具备的数字获取、使用、交互、创新等一系列素质与能力的集合。作为各层级目标群体都应该通过各种渠道提升个人数字素养与技能,例如,政府领导干部和公务员要参加信息化培训的线上培训网课和线下学习班;增强政府工作人员的互联网的学网、知网、用网能力,优化政务服务和赋能城市管理;在公务员选拔任用考核中,增加数字能力方面的内容;就社会公众而言,要充分发挥主人翁作用,提高自身的数字素养和学习基础性信息技术,用实际行动积极参与社会治理,如市民利用手机拍摄城市违规视频上传至"一网统管"平台;在"一网通办"网站进行办理各种事项的规范化操作。个人数字素养与技能所起的作用是隐性的,体现的是一种价值观念,能够潜移默化地助推"一网统管"的发展。

2. 进一步贯彻落实数字政府理念。数字政府作为信息化时代涌现出的一种新型政府模式,其思想来源于欧美国家中"整体性政府""虚拟政府"等理念。碎片化模式限制城市治理效率。在传统的机制体制下,职能条块分割、部门系统独立、信息碎片化都导致了数据资源难以有效地整合利用,跨地区、跨层级、跨部门的多跨治理场景难以实现有效响应。多元共同治理的概念才刚刚开始，管理模式仍然延续着治理惯性、公司和公众的被动参与难以打破，从而难以真正优化有限资源的分配。面对突发公共卫生、自然灾害等公共安全挑战，零散的治理模式难以满足可持续健康城市发展的需求。从宏观角度来看，需要采取创新形式宣传等多项措施，落实数字政府理念，对政府数字化转型薄弱环节加大投资比重，在政府和社会层面创造强大的数字化转型氛围，为加强"一网统管"改革提供理念支撑，促使政府数字化转型提质增效。

智慧城市不是单指信息技术的使用，它是人类文明的不断发展和与时俱进的技术进步，信息技术是促进人类文明进步、推动人类社会进入组织创新时代的工具，所以智慧城市的重要性远远超出了信息技术。智慧城市是一项系统工程，具有不同的领域、视角、层次和维度，不能被硬性超越。由于信息技术的应用具有很强的外部性，信息技术的最大贡献不是其产品应用的本身，而是信息技术应用能够带给社会的外部贡献。智慧城市的价值是信息技术应用的外部贡献，信息技术应用概念本身却不包括外部效应。作为组织化创新标志的智慧城市可以促进"一网统管"稳步发展。

养老——"一网统管"的建设与维护需要社会各方面的努力，在未来的社会发展中还须进一步研究和探索，应加强各方协同，促进养老产业向新时代迈进，为满足人民群众对美好生活的向往而奋斗。

专题七

养老——"数字应急"协作机制

大数据时代，无论是物理空间还是信息空间都在不断产生多源异构数据。新的信息环境下数据处理、情报分析都变得更加复杂，为突发事件的治理带来了新的挑战，同时，人口老龄化进程的加速以及智慧养老战略的实施，成为强化我国养老产业发展的重要内容。因此，围绕各类应急数据及资源、融合数据信息建立应急情报体系，提升应对突发事件的响应和处置效率的数字应急成为大势所趋，养老——数字应急的发展显得尤为重要。

一、研究养老数字应急的必要性

（一）养老数字应急

1. 定义。数字应急是基于数字创新的应急管理活动，是将数字化技术和理念应用于应急管理各个环节和各项活动的过程，是应急管理组织与行动的数字化革新。养老数字应急则是数字应急在智慧养老中的应用。

2. 内容。

（1）数字化整合应急。

（2）数字化动态应急。

（3）数字化无人应急。

3. 数字应急的新技术。

（1）GIS 技术。

（2）3D 数字技术。

（3）大数据等技术。

（二）数字应急的研究进展

格朗费斯特（Gruntfest，1998）将互联网与应急管理相融合，阐述了互联网资源价值正日益上升；龙海波（2020）提出将数字城市应用于应急管理领域，在数字城市基础上，建立数字化公共卫生应急管理系统。耶茨（Yates，2011）谈到建立一个共享机制，可将各种社交媒体技术融合在一起；陆毅等（Lu et al.，2018）首次探讨了应急管理与云计算之间的联系，对应急管理与云计算的技术部署之间存在的关联进行了解释。

（三）研究养老数字应急的重要意义

1. 体现了以人为本的养老服务理念。传统的养老服务模式侧重养老设施建设、养老队伍的培育与管理等"硬性"环节的投入。物联网技术在养老服务中的应用，则侧重于依靠大数据信息技术与养老服务相融合，在"软"环节上做文章。首先，物联网养老模式通过物联网技术打造亲情视频通话、远程医疗监控等服务，让不能"常回家看看的"儿女可以通过互联网，随时了解父母的健康状况；其次，物联网养老模式为老年人提供了多样化的养老模式和"触手可及"的智能化服务，例如，老年人可以通过网络进行图书阅读、医疗健身等活动；最后，物联网技术强化了对老年人信息的及时监测，有效地降低了老年人意外的发生率，体现了以人为本的养老服务理念。

2. 改变了养老资源分配不均的问题。长期以来，我国养老资源一直存在分配不均的现象。基于我国老年人人口基数大、养老服务基础设施建设滞后等因素，发展养老数字应急的应用将大大提高各地应对紧急情况的有效性，总结并探索该领域的创新轨迹，对于推进学科体系建设、展望未来该领域的发展态势，以及加快我国应急管理技术创新、提高应急管理科学化水平都具有重要意义。

以公立养老机构床位为例，长期以来，由于缺乏对床位信息的网络化管理，导致养老资源不能及时地进行反馈，进而影响床位的使用效益。构建物联网养老运营模式，养老机构通过物联网技术将床位数量、人员分布以及收费标准进行统一的数据管理，提高了公立养老机构资源的利用率与养老资源的市场价值，弥补养老资源短缺的问题。

3. 养老服务手段更加丰富与完善。物联网养老运营模式借助物联网技术实现了网络化、智能化以及空间化的养老管理。例如，老年人通过物联网呼叫平台可以定制自己需要的服务，实现了护理人员上门护理服务。除此之外，第三次世界互联网峰会关于智能机器人的应用为物联网养老运营模式的发展提供了实例支撑，顺应了长期以来我国老年人"落叶归根"的恋家思想，同时，基于我国特殊的养老国情，使没有富裕的时间去全身心照料父母的子女尽到养老义务。

二、养老数字应急的现有基础

（一）数字应急模式以平台式运营为主，与养老的相关性弱

数字应急模式以平台式运营为主，依靠数字技术赋能与整体智治引领模式创新，实现系统重塑，建立更具适应性与成长性的弹性体制。增加调适性的权力结构和权力配置，可以打破严苛的行政层级限制，按照突发事件的影响大小、跨区域协作是否要有、当地应急物资是否短缺等具体要求进行应对；依托成熟的安全产品，建立多级构架的数字化、智能化的安全监管系统，为养老机构提供全方位的、科学的监控系统解决方案，全面提升养老机构防范水平。

（二）疫情防控积累的丰富经验，整合和优化应急资源调配

中国疾控中心虽然实现了垂直管理，但在实际运作中缺乏跨地区应急响应和联动的激励机制建设。应急管理模式的高度集中化可能会引起应急资源浪费和配置不合理的问题，同时，大包大揽的管理方式会导致公众产生高度

的惯性依赖心理，削弱其风险防范和自救互救意识。疫情期间，用于疫情防控的人工智能等信息化手段，为应急物资保障信息化平台的建设提供了参考性经验，依赖人工智能的重要算法的深度学习可以使系统自动搜索应急相关参数并进行自主学习，通过计算高效快速地提供符合综合情况的最佳应急处理方案和协助制定从人员安排到物资调配的管理预案，有效提高应急管理决策的效率，增强了防疫信息的准确性、及时性和完整性，保障应急管理体系的稳定运行。

（三）应急管理现有的协作机制

应急管理工作包括事前预防、事发应对、事中处置和善后恢复四个环节和物联感与预警、大数据分析预测、应急通信网络、无人应急救援设备四类关键核心技术。有关数字应急的相关研究包括应急事件管理数据开放、利用和智慧城市视角下的应急事件管理研究，涉及的内容是突发公共卫生事件下政府的信息公开对公众持续使用行为的影响因素以及构建应对突发公共卫生事件的智慧城市中的数据利用框架等。智能数字化应急管理系统的建设，应当联合多主体进行协同创新，依托数字技术贯通多层次，不断整合和优化应急资源调配，实现对专业应用部门及其他社会组织等应用终端对事件的有效管理。

（四）物联网下养老的应用优势

物联网通过射频识别技术以及红外感应器、全球定位系统以及激光扫描器等信息传感设备将物品与互联网连接起来实现信息的互换，以此实现物与物、人与物之间的自动化信息交互和处理的智能网络。随着我国老龄化进程的不断加速，传统的养老模式已不能满足高龄老人对社会福利和照料需求的要求，在经济新常态环境下及智慧型养老产业发展的环境下，将物联网技术应用到养老中具有重要的现实意义。物联网养老模式改变了以往的养老模式，实现了对养老的服务的智能化管理，符合我国智慧型养老产业发展行动计划的要求，一方面，通过物联网信息采集可以为老年服务提供风险处理服务，随时关注老年人的身体状况；另一方面，物联网养老模式延伸了人工养老的能力，拓展了养老服务途径，促进了智能化养老产业的发展。

物联网养老运营模式借助互联网技术，通过整合物联网技术等先进技术，以"建设信息化""建立老年人信息数据库"为核心，以"提供紧急救援、生活照料、家政服务、精神关怀、增值服务"为基本服务内容，有效"整合社会服务资源"，为服务主体建立完善的居家养老服务体，解决长期以来受护理人员专业能力差以及硬件设施不完善等诸多因素的影响导致养老机构的工作效益低下的问题。

物联网养老运营模式依托物联网管理平台实现了对老年人的实时监测，养老机构可以通过传感设备实时监控身体状况，并记录位置信息，形成物联网，一旦发现健康数据波动或突然摔倒等情况，可在第一时间定位其位置，并由养老机构工作人员或社区服务人员第一时间前往提供帮助。这样可以在第一时间针对老年人作出正确的判断，避免发生安全事故。

物联网养老运营提高了资源价值，促进养老行业的发展。对养老企业而言，物联网养老运营模式低的关键因素在于物联网技术实现了资源的优化配置，提高了资源的市场价值。由于我国养老资源供应不足问题突出，同时，资源自身市场价值也不高等问题突出，通过建立物联网管理平台实现了对资源的重新分配，及时有效地实现了资源效益的最大化，从而能够统筹人力、设施等有限的养老资源来提供高效的养老服务。

三、构建全方位覆盖"三位一体"的养老数字应急协作机制

实践证明，当前智慧养老机构的运营模式多为通过全国或者地方代理的方式推行服务模式，企业盈利的方式更多的是通过产品营销的方式获得。但是通过利益相关者三方在智慧养老中的权益和利益的分析中可以看出，他们三者之间存在相互矛盾的博弈，尤其是智慧养老服务平台与地方政府的联合性较差，智慧养老健康数据与地方政府数据之间的连接不畅造成资源的浪费。

智慧养老平台的构建是我国"互联网＋养老"的具体体现，而计算机、互联网、物联网则是实现智慧养老管理平台的基本要素：互联网技术的应用实现了区域性管理，例如，慧明养老服务平台在全国成立了一个庞大的自助异地居家旅游服务网络，为诸多刚退休的老人提供异地居住生活或旅游服务，帮助老年人口实现"全国都有自己一个家"的美好愿望；如果能实现物联网专用 WLAN，物联网则成为监测老年人身体素质以及开展线上服务的低成本运营的重要技术，进一步完善了智慧养老日常安全功能体系。

（一）物联网对养老的数字赋能

物联网养老机构以市场化的视角，通过"产、学、研"结合，根据养老市场的发展需求，制定符合市场消费主体的产品，以此提高企业的经济效益。该养老机构依托物联网技术为老年人提供专业的养老服务，首先，由于当前我国独生子女家庭比较多，依靠传统的子女养老的模式已经不能适应我国养老市场的发展，因此，专业养老机构通过与当地家政服务公司合作，为老年人提供 24 小时家政服务，以此分担子女赡养老人的责任。另外，为满足社区空巢、独居老人的基本生活需求。通过网上下单，专业机构可以为社区独居、空巢、困难和失能老人等有需要人群代购日常用品、蔬菜、食品、药品等。其次，医疗保健（机构根据每位老年人的特点制定有针对性的详细服务方案），老人无须出门，只需要在家使用智能养老服务器或者在小区使用智能居家养老服务一体机，护理员便会根据需求实时上门，为老人提供各项护理服务。最后，与物联网结合的日常生活安全保障服务。老人在家或外出因遗忘造成煤气泄漏、水管漏了造成淹水等诸多生活隐患，使晚年生活有序进行。

数字技术赋能家庭养老的效果显著。物联网对养老的数字赋能比较先进的做法是开发智能养老 App。老人利用便捷呼叫功能与子女联系，什么时候吃什么药也会有提醒，而且还有大字体、大按键便于老人操作，子女们可安装 App 子女端，可在 App 上通过摄像头看到老人在家的状态，还能视频聊天。一端连接着老人，一端连接着子女，将老人日常安全应急机制形成了闭环，老人即使见不到子女，也减缓了孤独感和寂寞感，在数字技术的支撑下，让孝心跨越物理距离，让爱心始终"在线"。当老人出门遛弯时，家人可以实时收到来自手机 App 和手机短信的"双提醒"；当探测到有燃气泄漏时，将会有指示灯和高分贝蜂鸣器同时告警，第一时间通知家人等。智能 App 中的云台摄像机、燃气报警器、门磁报警器和智能网关这"四大金刚"为老年群体织起了一张安全、智能的专属保护网。智能 App 可全场景精准满足居家养老需求；健康管理功能可以实时监测老人的步数、心率、血压、睡眠质量等健康数据，让子女更便捷地掌握老人健康状况；便捷呼叫功能让老人在紧急情况下可以一键呼叫老伴、子女等；暖心热线和预约服务功能，可为老人提供买菜订餐、一键出行、设备保修、宽带预约、网络检测、养老数字设备和智能手机使用咨询服务等。实践证明，通过构建基于物联网养老运营模式无论是对我国的养老机构盈利水平还是对养老服务水平，都比传统的养老模式有了很大的提升。

（二）物联网与应急广播的联合创新开发

面对中国客观的养老严峻现实，即使是国家层面也没有足够的资金支撑起全社会的养老，对于产权化运作模式下的资金是很难达到大而全的效果，而如果利用专业养老公司的自有养老网站，通过代理、加盟和联合的方式应用科技公司智慧养老的系统，充实物联网下最新的老人日常生活安全监测系统，就形成了在区域模式下的养老资源的合理化整合，从而极大地提高了资产的效用，降低了运营成本，也为社区、街道、区政府、市政府决策提供了有用的参考依据。真正的智慧养老，绝不只是一个产品的概念。利用物联网与应急广播的联合开发，可实现"事前＋事后"的双重数字应急系统。

1. 应急广播在与养老信息有关的传播中的广覆盖性。我国已有的预警信息发布系统由四级（国家、省、市、县）纵向气象局和横向地方建设相关部门相互衔接的突发事件预警信息发布平台构成，作为基层市、县级应急广播的子系统都是在现有广播电视技术系统基础上的改造升级，形成的应急广播平台、应急广播传输覆盖网和接收终端，一般能接收、审核、制作播发、调度控制、消息发布的各环节的应急广播消息、应急广播节目和应急广播签名，并由专用应急广播消息发送设备发送至消息接收设备的技术系统。例如，高碑店市水利局现已建成一套数字同频同播应急通信系统，系统包括隆基泰和基站（中心基站）、辛桥基站、十里铺村基站共 3 个 VHF 射频无线链路联网的同播基站、一个指挥调度中心平台（位于市水利局）、对讲机和车载台。与此同时，白沟河（高碑店段）数字同频同播应通信系统也在此系统基础上进行扩容，扩容后系统可以覆盖整个白沟河（高碑店段）区域。

安庆市太湖县人社局城乡居民养老保险管理中心在新冠疫情防控期间，在全面落实疫情防控工作要求的同时，紧抓居保宣传和业务办理工作，创新巧用村村通应急广播宣传城乡居民养老保险政策，根据广大居民朋友们居家的情况，主动与县宣传部门协调，利用全县 174 个村村通应急广播，循环播放居保政策宣传知识，让宅家的居民及时了解最新的居保惠民政策和网上缴费方式，有效促进 2020 年的缴费工作，极大地提高了群众对政策的知晓度，受到全县广大城乡居民的一致好评。

2. 建立新媒体视角下需求、供给、治理"三位一体"的协作机制。应急情报体系的核心和关键力量是政府，政府是决策者和规划者，情报体系的最终构建形式由政府对体系的思想理念和框架规划决定，其他主体也由政府领导和管理。应急情报体系另一重要参与者是数字志愿者，在体系中承担监督的作用。他们或独立或与政府合作进行相关信息的收集、整理和传递活动，并进行落实和反馈；机动、灵活地参与到体系构建的各个环节，监督应急情报体系构建、执行中的政府行为，提高体系为社会服务的质量。物联网时代，数字化、信息化、智能化的工作方式被引入到各行各业，提高工作效率的同时方便了人们的日常生活。但老年人仿佛被当今时代所遗忘，数字化的生活方式不仅没有提高其生活质量，反而在老年人面前形成了一道"数字鸿沟"。老年人也应该成为科技发展的受益者、科技"赋能"的对象。科技的发展更应该为老人"赋能"，通过物联网技术融入养老，让家庭减少担忧和负担，让"银发一族"能够跨越"数字鸿沟"，真正享受到数字化带来的便利。新媒体利用数字技术，通过计算机网络、卫星等渠道，以及电脑、手机等终端，向用户提供信息和服务。

"暖心家园"通过将联通的"大数据＋云计算＋物联网＋移动互联"优势技术与智慧养老概念有机结合，以居家社区场景为重点进行数字赋能，为

"银发家庭"提供家庭养老院式服务，为社区提供数字化养老一站式运营解决方案，为政府部门提供更实时且智能的养老服务监管。"暖心家园"以街道社区及机构为服务对象，致力于打造 15 分钟生活圈的数字化养老一站式服务平台，主要提供运营管理平台、养老 App、养老看护终端以及养老生态服务等产品。

上海联通倾力相助"美好数字家园"实现的脚步遍布全市。其打造的数字家园"15 分钟生活圈数字助老服务平台"，以最便捷的"一键呼叫"方式，融合多重生态服务，率先在徐汇区田林街道进行了试点应用，并参考该模式在奉贤、浦东新区等多个街镇，使用一键呼、移动固话、电话手表等终端，服务超过 1.2 万老人；其开发的"上海市离退休干部工作管理系统"平台，也已服务于全市 50 万离退休老干部。

3. 老人和数字志愿者的双重学习。在突发事件情境下，网络平台提供参与途径，社会力量广泛积极参与成为现阶段构建应急情报体系的现实需求。探索数字资源者在体系中的参与方式、参与作用以及参与意义对于研究突发事件治理中公众参与具有重要的启发意义。数字志愿者包括数字志愿个体和数字技术组织两类，其中，数字志愿个体是指自主自愿的加入体系的某一个或某几个环节，协助形成情报或促进情报流动的个体；数字技术组织就是提供资源、技术、人才以及工具等的企业或组织，它们参与到应急情报体系中数字收集、处理和分析等各个环节中。此外，作为首批"数字伙伴计划·上海市数字为老培训基地"，上海联通组织还开展了"老有智慧"社区行系列活动，走进社区，为老人提供智能应用培训。让老人尝到了科技带来的便利，得到了快乐。

（三）物联网与应急广播的联合创新开发的具体应用

在整个监测系统中，数据处理和监控子系统是数据处理与分析中心及系统的监控中心，各地监测站设备会将采集到的信息上传到监控中心，然后监控中心会对各类传感器数据进行处理、存储、分析、显示、报警等操作，并发送给获得授权的终端用户，使其能及时发现并处理灾害隐患。该系统可以通过网络及时将报警信息和预警信息发送给特定区域的用户，提醒其紧急避险，减少损失。面对突发状况，则可以在网络平台、手机、电脑、广播等多种形式平台发布应急信息，最大范围地通知人民群众，降低风险。

1. 高精度定位系统，确保预警系统可管可控。系统通过安装在远程现场的电子设备（RTU）实现远距离监测，RTU内部是一款基于GPS/北斗地基增强的载波相位差技术（RTK）监测专业接收机，该接收机的传感器内置高频微机电系统（MEMS）传感器，核心RTK解算模块是新光多年测绘高精度领域的应用研究的结晶，外形结构坚固的RTU，拥有支持其在任何情况下均能长时间连续工作的技术适用，形成技术先进、简单易用、性价比高的产品竞争优势。该接收机与大地测量型天线设备集成在一起，并配合核心解算软件，能够最大限度地满足滑坡体、尾矿坝、沉降等变形监测的需要。

2. 灾害多发区各维度数据的实时监测为政府科技决策提供了依据。监测系统通过快速采集与传输、计算与分析、监测的多维度各种灾害的数据，包括地震灾害、地质灾害、森林草原火灾等自然灾害监测数据，生产安全、矿山安全、危险化学品安全等事故灾难数据，农产品质量安全、生产生活用水安全等公共卫生监测数据。此外，还可以协助布置最优的通信方案。

3. 科学的决策判断机制，出现异常指标及时报警。应急广播体系支持普通话、方言等多种方式发布预警信息，确保每一位灾区群众都能及时收到信息，使系统的预警作用最大化。多种形式的报警方式和灵活多样的报警手段可以满足上级、监测站点负责人等各层级的需求。数据内容广泛，可以实现当前运行数据、历史数据以及变化趋势的一站式管控。

优势：

1. 集成高效。应急广播系统的架构基础为一体化采集器，它是由两部分构成：多功能RTU和各种传感器，通过与各类传感器相连，可以获取各监测点的实时数据。

2. 四遥监控。成百上千个子站的各种数据可以在几秒钟的时间内汇集于应急广播系统，可以实现远距离的遥测、遥信、遥控以及遥调，响应速度快；近乎实现零故障和零维护，可靠性高。

3. 快速部署。应急广播系统的传播节点便于安装、性能稳定、价格低廉和功耗低，应急广播系统就是基于低功率广域网络（LPWAN）灾害监测系统在监测范围内布置的大量传感器节点，通过传感器节点的覆盖构成的检测网络来实现应急广播系统的实时监控。

4. 快速预警广播。针对局部性、突发的灾害事件,应急广播系统可以实现在灾害来临前的自动预警以及灾害情况的实时播报,从而最大限度地降低人民群众的损失。通过在地面安装安全传感器可以实现在老人摔倒时及时提醒、发出警报,避免因延误而造成更大的伤害。

养老——"数字文旅"协作机制

我国主要健康指标已显示人均预期寿命较其他国家提高到了78.2岁。退休年龄至此年龄阶段，被称为"第三年龄"，处于"第三年龄"的老年人闲暇时间相对充足，资金相对充裕，有很好的参与文化和旅游活动的基础。而文化和旅游是典型的"幸福产业"和"大健康产业"，其不但顺应了当下小康生活刚需、美好生活必需、品质生活标配的需求，而且对于促进老年人的身心健康，提升老年人休闲生活质量等，都具有重要意义。对于老年人来说，当数字经济列车呼啸而来，应该选择"上车"。

一、养老——"数字文旅"概况

（一）研究背景

1. 政策导向的扶持，为数字文旅的布局拓展了巨大空间。2021年，习近平总书记提出，要不断做强做优做大我国数字经济，要充分发挥海量数据和丰富应用场景优势，促进数字技术和实体经济深度融合，赋能传统产业转型升级，催生新产业新业态新模式。① 国家出台的《中华人民共和国国民经济和社会发展第十四个五年规划和2035远景目标纲要》《"十四五"数字经济发展规划》两个纲领性文件都明确了数字文旅创新发展的战略定位，对数字文

---

① 习近平. 不断做强做优做大我国数字经济 [J]. 求是，2022 (2).

旅创新机制提出了新的要求。科技部、中央宣传部、文化和旅游部等六部门共同出台指导意见，强调要加强文化和科技的深度融合发展。

2. 旅游业反弹回暖趋势显现。从 2020 年初开始的新冠疫情使旅游产业整体受创，处于发展停滞的状态。随着后疫情时代的到来和产业复苏回暖，旅游业有望迎来自己的"春天"。在危机和转机的相互转化中，没有游客的"空档期"也是景区基础设备的更新换代和创新旅游路线的蓄势待发期。

3. 元宇宙与数字文旅的深度结合。游客在数字文旅产品制作中的参与度越高，购买文创产品的欲望越强。元宇宙与数字文旅的深度结合创新了用户从听觉、视觉、触觉、空间感等多维度的主动探索和深度参与沉浸式旅游体验，元宇宙的场景复刻、虚拟现实、增强现实等技术使搭建的"人、场、物"的虚拟世界或重构的异地的空间更加充实，在用户缺少大块集中时间、精力不足、工作忙很难分身的时候，在互联网与现实世界的空间限制里寻找到了虚拟世界重塑异地景点的可触摸、可感受，从被动的走马观花式的无记忆点浏览旅游到实现全新感受的元宇宙与数字文旅深度结合的旅游体验。

（二）数字文旅

1. 定义。1996 年，"数字经济"在唐·泰普斯科特（Don Tapscott）的《数字经济：网络智能时代的前景与风险》一书中被首次提及。数字经济在学术界没有统一的定义。2019 年《G20 数字经济发展与合作倡议》提出，数字经济是指以使用数字化经济信息和数据资源为重要产出要素、以现代的信息网络技术为主要媒介、以现代信息网络技术的高效应用，成为生活质量改善和国民经济结构优化的主要引擎的一系列社会经济行为。

数字文旅是新产业形态，由文旅产业融合数字技术和信息通信技术而形成，以可度量的数据展示文旅产业发展，实现文旅产业与相关企业、事业单位之间的数字融通以及资源的有效共享。

2. 特点。

（1）再造性强。传统文化的主要传承方式是口传心授。数字化与传统文化融合后，传统文化的传播方式、受众群体以及留存形式都从单一僵化形式得到了拓展，传统文化自身的活力潜能得到激发，传播范围更加宽广、传统文化的生命力得到增强。与此同时，有些逐渐消失和过度商品化的传统文化也会在数字化的应用中得以永久流传。

（2）影响力深远。被称赞为"世界罕见健美操"的早期祭祀活动的黎族竹竿舞，因其互动性和观赏性强的特点，经数字化后得到国际上的广泛传播，不仅促进了当地旅游业的发展，而且使之走向了国际舞台，形成了新的健美操的体育文化存活形态。正是互联网平台的全球性渗透使传统文化实现了传统文化的数字化跨区域、跨国家传播，在自身文化不同的国家、民族或地域的人群的学习、借鉴、模仿中，传统文化得以再造，形成新的创新表现形式。

（3）受众面广。各地戏曲唱腔、锣鼓以及表现形式各有特点，都在小众范围里传播，要想了解并熟悉我国来自不同区域的多种戏曲种类和文化，就要在当地戏班有演出才能观看。戏曲传统文化经广播、录音机、电视等数字化传播方式后，打破了时间和空间限制，使其得以实现跨区域传播，扩大了传播范围，让爱好戏曲的受众在家就可以欣赏到不同种类和风格的戏曲节目，扩大了各类戏曲的传播范围。

（4）覆盖率高。凭借互联网平台的载体打破区域界限，传统文化实现数字化后，缩小了城乡之间的数字鸿沟，将数字化先进技术引入广大农村的各行各业或村民家里，在农村日常生产、生活中各业态的数字文化产业得到充分的发展和利用，实现"共享融合"。

3. 研究养老数字文旅的作用。

（1）数字文旅在文旅产业共融中催发"银发经济"壮大。旅游和文化密不可分，旅游是文化宣传的载体，文化给旅游产业注入灵魂。文化和旅游产业同属于现代服务业范畴，是其中极具发展潜力的产业门类。与养老相关的可穿戴智能文化设备制造等新业态发展迅猛，仅可穿戴智能文化设备制造营业收入在 2020～2021 年增长 46.4%。疫情期间催生了地方政府、旅游企业、文化机构等多元主体参与的预约旅游和智慧旅游，与配套的旅游景区应急防控体系、数字化精准防疫流程等，都为养老旅游出行带来了极大的便利，既促进了养老数字文旅产业的飞速发展，又催生了人数众多消费量大的"银发经济"。

（2）数字文旅多向融合，促进养老精神生活的多样性。养老数字文旅能实现多元化、个性化养老需求。数字技术应用拓展了老龄游客的体验内容、方式和质量，拓宽了数字文旅与消费者的沟通渠道，促进了数字文旅需求的持续增长。老年消费者通过手机就可以获得食、住、行、游、购、娱等系列产品和服务体验；文旅产业打破自身边界，已突出表现出各环节纵向联动、融合发展的特点，数字文旅产业通过信息交流平台实时掌握消费市场变化信息和各个环节的老年行为与认知体验，推出符合老龄游客多样化消费需求的重要举措。"IP＋主题公园""博物馆＋文创""非遗＋旅游""演艺＋旅游＋网红"、工业旅游、乡村旅游等成为老年人喜爱的旅游形式，结合数字文旅的中国传统文化成为旅游市场的"新星"。

（3）养老数字文旅提升了文旅产业竞争力。大数据时代的企业获取、整合、应用数据的能力在很大程度上决定了企业的竞争力。养老文旅伴随互联网、区块链、智慧等的发展向数字化转型，可以提升文旅产业产品和服务的核心竞争力，驱动文化和旅游的高质量发展。文旅相关产业的旅行社、酒店、景点等在数字技术的应用下界限模糊，成为不可分割的系统整体，实现新型旅行住宿方式、人性化的服务水平、多样的标志性吸引物相融合的"主客共享"一条龙旅行完美效果。企业与数字化转型共舞能革新经营管理模式，为文旅企业可持续性发展进行数字赋能提供了有效途径。

二、养老—数字文旅协作机制可行性框架

（一）"双边匹配"理论的拓展运用

老年旅游群体的特异性体现在体力精力欠缺、对天气交通状况等关注较多、更注重服务满意度体验和品质享受。"双边匹配"理论可以实现旅游景区服务和老年用户期望同时满足的双重目标，对相关匹配指标进行描述，对满意度进行计算的方法能够实现两类主体进行智能匹配；借助场景感知技术、大数据分析来协助老年人根据自身喜好、期望的基础信息计划出与天气和季节相关的特色线路规划、基于身体健康状况和旅游景区特点的康养旅游产品、基于天气和交通状况的突发事件风险提醒等，可有效提高老年旅游服务质量，增加

"老有所乐"的个性化产品和服务有效供给，促进"银发经济"的壮大。

（二）养老—数字文旅协作机制的内容

目前文旅经济模式有年轻人喜欢的"悦己经济"（表现出小众、深度、随性的出游方式，这是从夜间经济不断向产业化、专业化、品质化的方向升级，夜间文旅成为很有生命力的居民消费新选择）；专注于满足某一特定群体的需求"小而美"微经济迅速崛起（信息化、便捷化、智能化发展趋势下产物）；近距离、短时长、高频次的微度假成为新"风口"（轻旅行、周边游，距离更近、消费更低、出行更环保、随意性更强等特点的"微度假"旅游区很受欢迎，便利的地理位置也是研学旅游的关注地）；各个年龄段人群特别是年轻人能接受的双向互动的沉浸式消费大行其道（游客消费逻辑1.0时代是观光游览到"你演我看"—2.0时代是主题娱乐—3.0时代是沉浸式消费，将沉浸式玩法带到最高巅峰当属元宇宙。"线上元宇宙＋线下沉浸式"的融合以旅游景区非遗、文创、IP以及特色项目为主打的虚拟产品）；"IP＋平台"赋能文旅社交传播（社交传播以IP引流，以微信、小红书、微信等融媒体平台为传播渠道，建立社交关系，持续精准宣发，使多种门类的大型品牌都实现一夜暴红，提高了文旅产业传播的速度和深度）；盘活了传统文化旅游资源接替部分实地旅游的"云旅游"（通过短视频、直播、Vlog、VR虚拟场景等途径使游客足不出户就可以欣赏到世界各地的景色、感受各地的风土人情）；依托于VR技术的游戏化互动体验的文化旅游游戏；文化内容与数字技术相结合的区块链技术加持下极具收藏价值的数字藏品的传播；电竞内容融入线下文旅场景的电竞产业（游戏产品、电竞IP与城市品牌有机结合、"电竞＋酒店""电竞＋美食"等虚拟现实、人工智能等数字技术与电竞的结合）。

三、养老—数字文旅协作机制存在的问题

（一）运行机制

1. 文化与旅游融合领域单一。海外文旅产品在我国境内的暴热和人们出

国旅游的热潮，已经显示了国内文化和旅游领域供给不足的客观现实，两个产业之间的共融发展的广度和文化内涵的深度挖掘都有所欠缺，文旅产品结构单一、同质化产品种类程度高，缺乏产品的创意与特色，文旅产品有效供给明显不足。从产业智能化、数字化的转型上下功夫是文旅产业高质量发展的有效途径，也是新时代文旅产业发展的重点内容。

2. 数字化程度低、形式大于应用。文旅产业的发展需要旅游过程的便捷性和用户的良好体验。文旅数字化早期的电子旅游票出现使旅游过程的便捷性增强，减少买纸质票及排队等候的时间。与时俱进的旅游需求和数字技术的发展使用户体验感进入了深度体验的阶段。采集数字化的工作得到重视，但数字化应用尚还缺乏，形式单一，二次创作和升华的创新性较差。有的数字展馆或数字博物馆更是存在图片操作僵硬、画质清晰度差、缺少自主性的单一游览形式、展品展览的细节处理不理想、解说词的声音寡淡、整体操作协作性较差、重形式而轻内容等诸多问题，数字化优势得不到有效的发挥。

3. 融合运行体制欠缺，设施有待完善。融合运行上存在景区配套设施不健全、基础设施不完善、文化和旅游产业链延展性不足、营商环境不理想、新业态种类形式不多、市场主体量多而不精、政府规划精准度有待加强、区域性的宏观规划缺乏、区域间产业设施差距过大的不均衡现象，这些都限制了文化旅游的融合发展。

4. 数字文旅认识不足。对数字文旅认识不足，主要体现在对数字化转型的片面理解上，认为数字化就是在互联网上进行的宣传活动，买贵重设备、引先进技术、追求轰动效应上（推销景点的技术场景的酷炫）。

5. 数字文旅人才匮乏。数字文旅需要的人才是具有文旅专业和数字化知识技能的跨界复合型人才。但目前数字文旅的人才稀缺，人员培养不足，限制了市场需要的新业态、新产品、新服务所需的人才要素的发挥，数字化转型动能不足影响了数字文旅产业的进展。

6. 数字基础设施落后。新一代信息技术里，5G与大数据中心、人工智能与工业互联网、云计算与物联网、智慧终端技术等所具有的支撑作用有目共睹。数字文旅产业现有的基础设施与新一代信息技术不相匹配，既不完善也不配套，在一定程度上延缓了数字文旅产业的进程。

（二）动力机制中"智慧化"程度低，老人社会参与度差

1. 社会参与度低。对于老人来说，智能手机的使用不熟练限制了老年人的社会参与感与参加数字文旅的热情。与此同时，适老服务的数字文旅建设也存在合作共建、场景应用、服务推广方面的信息滞留、精准匹配供需欠缺、智慧化、个性化服务提供不足等问题。

2. 存在泛数字化现象。近年来，数字文旅产业存在泛数字化现象，这使得一方面关于数字化的投资效用并没有得到很好的使用效果，另一方面出现提高竞争力必须靠数字化转型的错误思维，这就造成若资金不足，数字化转型就不能完成，数字文旅产业就谈不上提高竞争力了，同时，数字文旅的新概念还存在不能完全被大众接受的现象。

（三）约束机制

1. 宣传不成体系。很多文旅资源和新媒体融合不理想，像专属自媒体和形式上有自有自媒体的宣传平台的主动性较差、有效性不强且平台更新不及时现象，宣传效果离预想中的相差较大；大多城市只在少数景点上进行宣传，缺少丰富文旅资源整合后的统一主题，内容相对零散，在游客心中很难留下较为深刻的城市形象的美好记忆，对城市的宣传没起到应有的作用；没有构建从宏观主流媒体统一宣传、整合地区资源多元化宣传、各类资源通过自媒体的自我宣传的多维度宣传体系。

2. 文旅产业数字化转型制度与规范不完善。大数据时代的数据已经成为企业生产过程中创造价值的一种资源，它不仅带来了数据属性和归属问题的争议，也给现存法规制度、个人信息安全和互联网的安全性带来了很大冲击，从法律层面来看，数字文旅产品知识产权的保护是目前亟待解决的关键问题。同时，文旅产业数字化转型相关的行业制度规范不够统一，可能会造成数字经济与文旅产业的融合应用上的障碍，数字文旅产业所需要的消费者的重要信息也会因消费者害怕个人信息泄露而不愿意提供，这些情况对文旅产业的数字化转型来说都是不利条件。

3. 政策支持不充分。数字文旅产业是一种新型业态，其大力发展离不开政府部门的政策支持。文化与旅游之间、文旅和数字化之间的协同机制还无法适应数字文旅经济的高速发展，阻碍了文旅产业的数字化转型进程。国家应从顶层制度设计考虑出台相关战略规划、技术标准及行业规范。

四、解决养老—数字文旅协作机制存在问题的对策

（一）运行机制上建立开拓无边界文化空间，克服老人对时间和空间的局限性

在老有所乐中，老年人的精神文化需求与日俱增，在满足其需求的措施中，公共文化场馆发挥着不可替代的作用。为解决系列问题，从数字化养老着手是促进其发展的绝佳选择。

依托国家公共文化云平台对公共文化场所资源进行整合，"元宇宙"借助 3D 建模、AR 增强现实、数字孪生等技术创造出多维数字文化空间，为老年人打造了即时更新、可持续交互的元宇宙多人在线虚拟展厅，解决他们因空间局限性不能与亲朋保持紧密联系的问题，让老年人在开拓无边界文化空间里的体验感得到了很好的提升。同时，可以利用地方文化特色的差异形成数字文化资源库，还可以开展丰富老年精神生活的书法、戏曲、摄影等线上课程和老年课堂。技能过硬、有改革创新精神且充满活力的数字化转型团队人才队伍匮乏，需要完善关键环节、核心系统、关键技术自主可控的分岗位、分任务人才培养机制，提高全体员工的数字化意识，用考核评价机制和制度约束、激励数字文旅产业员工提高数字化技能水平。在新一代信息技术中，人和数字基础设施是两个必不可少的重要载体，共同决定了数字文旅产业的未来水平。要想加强数字文旅基础设施建设，关键是有关单位要制订与满足文旅新模式、新业态、新产品的消费市场变化和数字化转型发展需要相适应的新一代信息技术的建设计划，建立与相关行业、科研院所等部门的协同机制，多方交流与合作，使数字文旅基础设施体系更加集约、高效、标准，有效提升文旅产业数字化水平。

（二）动力机制上提高老年人社会参与度和资源大众化的契合度，构建低成本的老有所为的创新型文化传播模式

1. 提高老年人低成本进入数字经济的社会参与度。随着城市化发展演变，现代智能旅行产品成为借助新信息技术的支持衍生出来的新兴消费形态，使全民参与度、认可度和支持度都有所提升，随着数字化技术和服务水平提高带来的规模收益，使网民参与和互联网相关的经济活动成本在不断下降。《中国互联网络发展状况统计报告》（第49次由中国互联网络信息中心发布）数据显示，截至2021年底我国网民规模居世界首位的10.32亿，60岁及以上网民占比达到11.5%。与2021年我国65岁及以上老年人口达到2.46亿占总人口的14.2%相比，至少是一个亿的老人占老龄人口近一半的比例都有上网经历。大数据衍生出的数字经济超越互联网边界并辐射到社会生活的各个领域，包括老年人在内的每个社会人都可以也应该是数字经济的参与者，其中，数字文旅的互联网平台的养老专项板块，将为养老人群以多种全新的方式参与到数字经济生活来提供更加便利的条件，让数字文旅产业的大众化和适老化的发展上有了更大的空间。

2. 提高老年人与资源大众化的契合度，老有所为。积极老龄化的核心与老人社会参与度密切相关。对于老年人来说，积极养老的做法是老有所为，把老有所为和数字文旅相融合，在老年人工作过或熟悉的领域进行数字化建设和改造，使数字文旅服务于老年职业介绍、数字技能培训，建立有意愿、有能力的数字文旅行业老年人才信息库。退伍老兵可通过革命文化用网络直播、短视频等媒介口述红色教育，把丰富厚重的历史以视频方式展现，让革命者的生命史表现形式更丰富；老年人融入数字经济社会，发挥余热，能更好地乐享晚年。

3. 构建以老龄用户为中心的新型商业模式。文旅行业从业者要想深度参与养老数字文旅产业中，就要认清养老数字文旅产业与技术和商业模式是密不可分的，要依托数字技术构建以老龄用户深度体验的需求导向的商业模式，及时掌握老龄消费者的需求动态，精准研判老年游客需求，把握老年游客消费特征和趋势。新一代技术为老龄客户需求的深度挖掘创造了必备条件，构

建以老龄用户为中心的新型商业模式，不仅实现了服务方式的创新，而且能有效拓展老龄服务的领域和服务质量。

（三）约束机制

1. 构建数字文旅适老服务的乐龄生活友好环境。数字文旅适老化服务体现着社会对老年群体的社会包容与人文温度，这种适老服务不应只停留在对概念层面的粗浅理解，应以平等包容的心态对老年人多一些理解、善待和接纳，关注老年用户的需求和感受，并协助开发者进行技术创新和软硬件研发设计，以数据融合为抓手，加强数字文旅适老化和场景服务智能化的标准化建设，共同打造老年人友好的文旅场景，增强老年人的社会参与感的保障措施。

建立智慧旅游数字化云服务生态圈并使其可持续运营发展，注意尽量不要重复投资建设，文旅产业公共服务、文旅企业运营以及旅游消费者便民服务都需要信息资源的整合。已经运营的省级云平台可汇聚全省海量真实的涉旅大数据，这些整合的全面信息包括全省各景区接待量的群像和各景区的用户画像，全省旅游业因云平台而被赋予了智慧"大脑"，为景区的海量数据所能产生效益的精准营销提供了精准匹配的优势。

2. 出台保障制度。《"十四五"数字经济发展规划》中确定了要推动社会服务与数字平台的深度融合，推动文旅融合等多领域、跨行业深度合作。文物系统在 2020 年 12 月《关于落实〈关于切实解决老年人运用智能技术困难的实施方案〉的通知》印发后已提高在文化场所和旅游景区服务的适老化程度，像图书馆、博物馆等公共文化场馆为解决老年人运用智能技术的实际困难，积极引入数字化设备和优化老年人文化场馆体验，增加老年人参加文体活动的智能化渠道。

3. 多方面协同。国家从顶层制度设计上要考虑给予规划指导、财税优惠、知识产权保护、人才支持等的配套政策和相关措施，各地方政府应充分发挥牵线搭桥的协调作用，在多方参与、纵向贯通、横向衔接、消除信息壁垒的数字文旅信息服务平台的区域建设方面给予扶持和帮助；建立人才引进、培养、评价标准等的数字化人才培养机制，使具有丰富经验的行业协会和社会培训机构成为数字文旅人才职业培养的主力军；让"新基建"与符合数据标准的文旅产业数字化设施建设相结合；具有数字化、智能化优势的数字文旅产品在技术的自主创新中为产业发展提供动力，让数字文旅产业融合发展的模式存在于养老数字文旅的全生命周期和全产业链中；通过文旅公共服务融合制度，提高文旅产业管理服务，为当地群众提供更为优质且丰富的产品的效能；优化调整与数字文旅产业内营造良好发展环境的相关法律法规与管理规范，通过考核体系、管理制度等约束产业发展，创建数字文旅专项资金，发挥财税政策的支撑作用。文旅企业还要关注老年用户的感知性和实操性的具体出游需求，在页面整体设计、图文呈现方式、具体产品介绍、客户周到服务等方面进行了提档升级。出行的携程、就餐的美团对使用智能手机有困难的老年用户客户端进行适老化无障碍改造，使字体更大、对比度更好、没有广告和弹窗，老年人能更便捷地获取文旅产品信息。上海的"长者版"是"乐游上海"，在小程序里让元宇宙和云展厅成为有互动、有知识的线上文旅式传播渠道，并开展书法、戏曲、摄影等在线老年课堂，为老年人带来丰富精神生活的全身心投入的沉浸式体验。

大数据时代的数字技术作为新兴生产要素，改变了传统的生产方式，催生了新理念，带动了经济社会发展的变化，同时，也影响了与之相关的具体产业与行业在不断衍生出与数字经济发展相适应的新业态和新模式，并成为一股强大的社会经济力量，发掘新形态的文旅资源商业价值，促进数字经济和文旅产业发展同频共振，推动社会适老化建设稳步推进，提高社会幸福指数，致力于人民对美好生活的向往，为新时代的数字化发展贡献力量。

专题九

养老——"数字政府"协作机制

网络化数字化的高速发展推动信息社会逐渐向"数字地球"转变，与此同时，推动数字政府的转型升级成为时代的必然要求。2017 年，"数字中国"写入十九大报告，"数字政府"建设理念得到高度重视；2019 年，党的十九届四中全会提出"推进数字政府建设"，要求利用信息化手段提高政府机构履职能力。2021 年 3 月 12 日，"十四五"规划发布，其中指出，要将数字技术广泛应用于政府管理服务，推动政府治理流程再造和模式优化，不断提高决策科学性和服务效率。同年，国务院《政府工作报告》强调要加快数字社会建设步伐，提高数字政府建设水平。数字治理在拓展图景与边界的同时，城市政府均在积极寻找风险防范规制方案。

一、研究的必要性

（一）概况

《2020 联合国电子政务调查报告》显示，我国电子政务发展指数排名提升至全球第 45 位，达到"非常高"的水平，特别是作为衡量国家电子政务发展水平核心指标的在线服务指数上升为 0.9059，指数排名大幅提升至全球第 9 位。公共服务能力显著提升。截至 2021 年 1 月 1 日，我国 31 个省级行政区划单位和新疆生产建设兵团都推出了移动政务平台。广东省通过纵横联动、五级协同的"一网统管"体系建设，构建更加普惠的"一网通办"；北京市实现横向协同、纵向贯通的"一网统管"平台治理；青岛市实现了 12 件事的"一网通办"和 12 个场景的"一网统管"，大大提高了办事效率，提升了居民的满意度和幸福。

数字政府改革最为显著的上海市以"两网智治"为切入点，全面建成"一平台、多终端、多渠道"的服务体系。上海市开通了"一网通办"总门户网站，设立了专门的市级城市运行管理中心负责"一网统管"系统建设；以"随申办"等各项小程序为服务渠道，架构起"一梁四柱"式线上平台。

（二）研究意义

1. 大数据政务服务建设目标的客观要求，促进"一网通办""一网统管"的"两网智治"。"一网通办"的目的是提高政府部门的办事效率，节约民众时间，提高公共服务质量；"一网统管"的目的是提高政府综合管理能力，是对政府管理层次的改革。政府体制改革的重点是简政放权、优化服务，信息技术的发展为实现"一号申请、一窗受理、一网通办"的大数据政务服务建设，实现全流程的统一申请和受理、集中办理、统一反馈和监督创造了条件。政府信息化建设已经历了三个阶段，由提高部门办事效率的业务信息化阶段到提高公众办事效率为重点的"只跑一次"，再到当前为提高综合管理能力而提出的"一网统管"阶段，三个阶段以上一个阶段为基础，逐步递进。政府服务于社会发展，社会需求推动政府信息化改革，需求条件不成熟时慢一点没有害处。

数字政府发展对政府组织架构提出了新要求、新挑战，在大数据政务服务建设目标的客观要求下，"一网通办""一网统管"等系列改革应运而生。"一网统管"围绕政务服务展开，"一网统管"围绕城市运行展开，可以从线上政务服务门户建设、政务服务管理平台搭建、业务办理后台完善以及数据基座共享四个方面发力。在"互联网＋政务服务"的浪潮下，各地政府纷纷建成线上政务服务平台，提高行政效能。

2. "一网通办"与"一网统管"各自实践经验的不断积累，为"两网智治"奠定了坚实的基础。"一网通办"与"一网统管"是我国地方政府的两项行政改革举措，是中国特色的独有术语，国外并没有明确的对应概念，可借鉴国外有与之相关的"一站式政府""数字政府""电子政务"等方面的研究成果。"一网通办"是借助互联网技术实现一张网络全面办理的政府服务线上线下一体化服务运行的平台，它带给政府、企业和民众的价值是提高了效率。通过重构政府组织内部架构，优化了办事流程，提高了政府部门运行的效率；公司能够降低办事流程所带来的制度性交易成本；公众也能提高办事效率，提升了服务体验深度。"一网统管"是在一体化网络运行中融入了城市管理要素，通过前台、中台和后台的"三台一体"的整合联动，实时掌控城市动态变化，经过现代信息技术对各项要素的大数据分析，对城市运行进行精细化管理中的痛点与堵点及时发现、反馈和改善，是组织模式和技术的深度融合，也是提高城市管理能力水平的微观路径。"一网通办"与"一网统管"各自实践经验的不断积累，为"两网智治"奠定了坚实的基础。

二、"两网智治"的理论基础和治理逻辑

（一）"两网智治"的理论基础

从整体性治理理论和资源依赖理论出发，对于数字政府的数字治理能力可以运用"制度—行为"的理论框架进行分析。

1. 整体性治理理论。整体性治理理论认为，要实现高效的治理，重点在于克服多层化组织架构带来的治理碎片化问题。实际上，数字信息技术能够加速信息流动，促进部门之间的协同，能够在一定程度上克服治理碎片化问题。

政府治理的数字化创新对于推动实现整体性治理具有十分显著的意义。以整体性治理理论为基础的"技术赋能"相关实证研究表明，在我国电子政务的建设中，通过线上驱动和线下驱动的深度融合实现了电子政务信息技术赋能商事制度管理，有效地优化了企业所面临的营商环境。地方政府建设政府网站，通过互联网沟通工具有效地提升了不同职能部门之间治理的协同性，推进了政府治理绩效和公民满意度的显著提高。

2. 资源依赖理论。资源依赖理论认为组织机构是一个开放的生态系统，

每时每刻都和外界形成资源交换，外部环境会对组织机构行为产生重要的影响。政府治理中将制度优势转化为治理效能的数字化进程会受到技术和财政资金等多方面资源的约束。现有以资源依赖理论为基础的研究主要从环境和资源对于数字治理的影响展开。

（二）"两网智治"的治理逻辑和框架

党的十九届四中全会进一步明确了数字政府建设的方向和目标。国家治理现代化的省域数字治理能力的实践主要有三种模式，分别是开放数据应用模式、制度创设架构模式和公民参与推动模式。"十四五"规划指明了数字政府的建设方向，提出要构建数字政府、数字经济和数字社会整体性发展格局。开放数据应用模式的关键在于高效利用公共数据，推动数据利用赋能治理体系；制度创新架构模式的核心在于制定数字治理宏观发展规划，提前布局数字产业；公民参与推动模式主要是通过公众参与和政府治理的良性互动构建数字化协同治理体系。"一网通办""一网统管"具有内在的一致性，两者的差异性也需要双网"智"理。

1. 双网"智"理的治理逻辑。在政府数字化转型过程中，必不可缺的因素里包括区块链、数据库和互联网等新兴技术，以"一网通办"助力政务服务运行、"一网统管"助推城市管理的"技术—机制—观念"的"两网智治"框架为基础，构建数字政府建设的一体两翼，实现实体政府和虚拟政府的有效融合。

（1）技术依托。双网治理的基础是"一网通办"与"一网统管"的同步改革的智能化，信息技术通过基础性驱动因子的技术、算法、算力的精准识别并处理政府治理过程中的各项问题。在政务服务和城市运行中，技术整合数据能力很重要。通过技术构建专业数据库时，标准化体系设置要基于语义、属性统一数据口径，将在不同部门间共享的多源数据进行归口管理，避免重复提供和多次上交。通过技术赋能，改变传统人工效率低的现状，及时发现公众需求的关注点和数字政府治理的堵点，"双网智治"在提高服务效率的同时还能推送差异化的个性化服务。利用热力图等形式将与民生息息相关的链接置于政务服务平台突出位置，呈现访客关注度高的页面区域、优化页面布局和提高网页功能，拓宽在政务、环卫、养老、停车等不同治理场景的创新技术的服务范围，加强技术基础设备的日常运营与维护。

（2）协作机制。"一网通办"与"一网统管"建设要想同频共振、"双网智治"，既需要"保护锁"的技术层面支撑，也需要"安全阀"的体制机制层面保障。双网建设的协作机制涉及纵向科层式等级部门的多层级、横向职能式业务部门的多主体，构建完备的协作机制组织架构和统一有序的部门协同机制很重要。在顶层制度设计中，一要政策上给予供给保障，规划好相关组织结构、职能分工、人员配备、运行模式等的基层职能性分工；二要建立良性协作的内部共享数据库、统一的执行标准、考核方案、互认的各项证明材料，解决条块分割带来的各种城市病，以整体化运转方式打造无缝隙政府，再造政府流程，强化主要责任部门牵头、其他职能部门配合的各部门间业务协同的能力，形成解决政府服务、城市运行中存在问题的标准化、制度化措施。

（3）理念引导。领导高度重视作为一种科层运作的稀缺政治资源，它能够提高资源在某一事项上的倾斜性。领导的行政权力是形成纵向压力传导的重要动因，在政策支持和资源配置上能向双网治理倾斜，引导政府领导干部和公务员队伍的信息化线下、线上培训，学网、知网、用网的能力培养和数字能力方面的考核中借助互联网优化政务服务、赋能城市管理。以领导重视下的数字政府理念推动双网治理，以双网治理推动政府数字化转型、提质、增效。

2. 具体框架。政务服务门户网站、政务服务管理平台、业务办理系统和政务服务数据共享平台共同构成了数字化政务服务的完整体系。

（1）互联网政务服务门户。政务门户网站是政府与自然人和法人交互的虚拟场所，是为公民和企业提供政务服务的入口。政府门户网站的可读性，对公民接受线上政务服务具有显著的影响。不同政府部门之间的协同与合作对于提升治理绩效至关重要。户网站是政企互动、政民互动的重要载体，其信息呈现方式在很大程度上影响企业和公民的办事体验。

（2）政务服务管理平台。政务服务管理平台实际上是一个政务事项的分类受理枢纽，在一定意义上是管理服务的业务中台。从功能来说，来自政务服务门户的信息首先传递到政务管理平台，在这个环节进行分类，并进一步转发到具体的业务办理部门。业务办理完成后，具体处理的政府职能部门将办理结果传送到管理"中台"，并进一步传递到门户网站。信息和数据是数字治理的"原材料"，公共数据逐渐成为一项重要的市场要素，需要政府部门在加强安全监管的同时加快公共数据的有序开放和高效利用。

（3）业务办理系统。业务办理系统实质上是审批业务后台，是政府职能部门进行实质性审批的运行系统。一方面，业务办理系统与管理服务中台直接交互，接收事项申办以及反馈事项办理结果；另一方面，业务办理系统与政务服务数据基座交互，获取受理信息和反馈过程、结果等方面的信息。

从业务流程的角度看，首先，企业法人或者公民自然人提交事项申请到政务服务门户，由政务服务门户与政务服务数据共享平台进行交互验证，比对相关信息，获取完整的申办信息向申请人反馈。其次，门户网站将申办人提交的申请和材料转移到政务服务管理平台，专门的工作人员对事项进行分类和转发，申办事项会流转到不同的业务部门，由业务办理系统统一进行。再次，业务办理系统通过调用共享数据平台的相关信息，实质性地作出办理决定，同时将办理结果反馈到政务服务管理平台。最后，办理信息会被及时反馈到申办人，同时相应的流程和耗时会被政务服务管理平台记录，成为政府部门业务考核的主要依据。政务服务数据共享平台会对基础数据进行更新，以便匹配新的信息状态。

政府部门是公共服务的供给主体，在数字化政务服务建设过程中，需要在事项清单标准化、办事指南规范化、审查工作细则化、业务办理协同化以及事项管理动态化等方面发力。具体包括以下五个方面的内容。

第一，事项清单标准化，指的是将所有公共服务事项进行标准化处理，编制统一的目录清单和实施清单。其中，事项目录清单指的是公共服务实施机构编制的基本名录，包括所提供服务的名称、统一数字代码、设立的法规依据以及办理类型等要素。从行政层级的角度看，事项目录清单可以分为全国层级、省一级和地级市一级等。全国层级事项目录清单由国务院统一编制，并且在全国范围内通行使用。省级事项目录清单由各个省级行政单位编制，需要保证在本省范围内通行互认。地级市事项目录清单需要保证在地级市范围内通行使用。此外，实施清单指的是政府职能部门根据事项目录清单制定的公共服务提供细则，一般需要报告 36 项要素，比如实施编码、行使成绩、权限划分、实施机构、法定办结事项和受理条件等内容。事项目录清单和事项实施清单是公共服务事项供给的重要参照系，因此，两个清单的编制需要遵循全面准确和统一规范的原则，能够进行动态调整，确保公共服务事项在不同行政层级中具有相对的一致性，为公共服务事项在全国范围内的互联互通打下基础。

第二，办事指南规范化，指的是政府部门编制专门的事项办理指南，明确事项办理程序和材料要件，并同时对办结事项、办理费用和送达方式等方面进行规定。办事指南要求在公共服务平台门户网站或者线下的公共服务大厅进行公示。具体而言，办事指南应该包括三个部分的内容：一是材料要件，指申办事项所需要的材料类型、示范样本、获取渠道、是否需要纸质材料以及材料要件份数等具体信息。二是办理程序，指的是申请预约的方式、材料递交的窗口、是否需要审查原件、办理费用、送达方式以及办理人员和办结事项等方面的具体信息。三是结果样本，即事项办理完成后政府部门提供的办理结果，如果涉及企业或者个人的隐私信息，需要简化后再公示。办事指南是政府公共服务事项供给的重要因素，简明准确的办事指南能够有效地降低市场主体和普通公民申办事项过程中的负担，节省办事成本。

第三，审查工作细则化，主要是对内规范政府办事人员的工作行为，尽可能减少审批事项办理过程中的寻租行为。审查工作细则包含 10 项基本规定，从业务程序的角度看审查工作细则，主要的环节包括申请生产、受理审查、决定审查以及最终收费审查等。

第四，业务办理协同化，指的是通过政府部门之间的协同与合作，减少事项申办人的行政负担，涉及的相关事项主要是企业法人营业执照的跨区域办理、社会投资经营项目的评审结果互通、市场准入跨区域协同以及商事登记过程中的联合办理等事项。业务办理协同化的根本目标是通过政府之间业务系统和业务数据的连通，实现跨区域、跨层级的结果互认。从跨区域的角度看，需要公共服务系统基于统一的数据平台基座，实现统一数据接口和统一服务规范，将主要的关注点立足于区域之间的市场监管执法、区域市场准入协同以及医保异地办理等和企业公民密切相关的公共项目。从跨部门的角度看，主要需要明确特定事项办理的牵头部门和协办部门，由牵头部门主要负责事项标准和清单的制定，实现一个窗口办理和一个平台流转，减少企业和公民在不同部门之间辗转跑动的频率。

第五，事项管理动态化，公共服务事项需要随着社会经济的发展需求作出相应的变动，这就要求政府部门定期对事项办理清单、办理流程、审查细则和办理指南等内容进行动态更新和调整。主动的动态管理是基于业务办理流程分析，大力简化政府部门办事流程，尽可能压缩办理时间、减少材料要件、降低办理费用等。与此相对应，被动的业务动态管理主要指的是依据办理事项的变化，对实施机构、申办程序和协同业务进行相应调整。

第六，政务服务数据共享平台。政务数据共享平台是"互联网+政务服务"的数据基座，是推动线上政务事项办理的数据基础设施平台。政务服务数据云在政府之间的扩散和应用，为服务职能的实现提供了新的方式和手段。数据基座需要和不同的系统平台进行交互，政务服务数据共享平台需要同时和政务服务门户、服务管理平台以及业务办理系统交互。首先，政务服务数据共享平台和互联网政务服务门户网站的交互主要体现为数据的交叉核验。在政务服务数据共享平台，存储着种类齐全的基础法人数据、自然人数据，涵盖了电子证照、电子印章、身份信息、空间位置、产权属性等多种类型的数据。其次，政务服务数据共享平台与管理平台的数据交互，主要体现在受理过程和结果信息的传递以及更新。最后，数据共享平台是业务办理系统的基础。政务职能部门需要根据共享数据平台调用的数据作出审批事项能否办理的决策。在业务办理系统办结相关事项之后，新的数据结果信息需要传递到数据基座进行记录。

三、建立养老数字政府协作机制要注意的问题

"技术—机制—观念"的"双网智治"框架既是"两网智治"的治理逻辑，也是智慧型城市治理的逻辑，更是共享经济视角下智慧型城市社区协作治理的逻辑，所以"双网智治"是共享经济视角下智慧型城市社区协作治理的重要基础。

（一）"一网通办"与"一网统管"的运行协同

1. 存在的问题。"一网通办"与"一网统管"两张网建设能否一脉相承、同频共振，取决于"一网通办"与"一网统管"自身的政务服务、城市运行和两者之间的协同运行是否通畅。作为"两网智治"的系统工程，任何一个独立部门都难以为继，行政和业务部门各行其是的条块分割，无法实现横向跨部门、纵向跨层级对接。"两网智治"既是技术手段的创新，同样也是再造政府流程和组织的优化重组，两者依托的基础是海量数据支撑、技术平台赋能、政府流程有再造需求等，在服务对象、运行流程、涉及范围与价值定位等方面也各有不同。

2. 解决对策。存在多重机构、部门有职责边界又相互依赖的多重网络中的闭环政府，在日常工作需要考虑政府各部门之间应该如何相互配合、主次任务应该如何协作分配、各业务部门之间共享的信息如何减少重复录入，从碎片化对抗到无缝隙协作的政府流程再造，技术注入的便捷性促使政府实现纵向跨层级服务和横向跨部门服务的双向集成的"一网通办"和"一网统管"进行"双网智治"成为可行，"技术—机制—观念"的分析框架成为在技术和行政推动下的"双网智治"的数字政府建设的创新举措，使实际工作步伐一致、步调统一的高效协作下的政府具备高度智能的同时具有更多智慧。如果协作未建立或协作效率低，技术安全制度执行无效或低效，组织内外各部门的工作步伐协同度没有或较差，双网"治"理的有效性的评估和分析没有与数字政府建设改革同步，都可能适得其反。

（二）"一网通办"与"一网统管"的协同各省差异大，动力机制欠缺

"一网通办""异地可办""跨区通办"渐成趋势，"掌上办""指尖办"逐步成为政务服务标配，政务信息整合共享工作基本实现"网络通、数据通"的阶段性目标。全国开放数据集总量从 2017 年到 2019 年增加了 6 倍。从横向比较的角度来看，不同省份之间移动政务服务的综合得分存在较大的

差距。第一梯队主要是浙江省"浙里办"和上海市"随申办市民云",在我国的移动政务服务平台当中评分为 A +。第二梯队是综合评分为 A 的省级行政单位,包括安徽省"皖事通"、河北省"冀时办"、江苏省"江苏政务服务"、江西省"赣服通"、宁夏回族自治区"我的宁夏"、山东省"爱山东"、天津市"津心办"以及云南省"办事通"。第三梯队评分为 B +,包括北京市"北京通"、重庆市"渝快办"、福建省"闽政通"、广西壮族自治区"广西政务"、贵州省"云山贵州多彩宝"、湖北省"鄂汇办"、辽宁省"辽事通"、内蒙古自治区"蒙速办"、山西省"三晋通"、陕西省"秦务员"、四川省"天府通办"以及甘肃省"甘快办"。第四梯队的省级行政单位有广东省、海南省、河南省、黑龙江省、湖南省和吉林省,综合得分在 40 ~ 55 分,综合评级为 B。处在第五梯队的省级行政单位有青海省、西藏自治区、新疆维吾尔自治区以及新疆生产建设兵团。

1. 存在的问题。

(1)服务对象存在差异,难以实现"一屏观全域、一网管全城"的全国目标。以内耗冲突与分散隔离为特征的传统部门分立局面导致了政府办事效率低下的碎片化问题,形成了需求导向不是"一网通办"的政府提高办事效率的"服务找人"而是"人找服务"。例如,一项服务的审批办理往往涉及多重机构,投资创业和群众办事门槛高,办理过程手续烦琐且周期较长。"一网统管"更多从政府和管理者角度出发围绕城市运行开展。养老"一网统管"可实现依托主管养老的民政职能部门和城市行政网络的技术力量,构建和城市运行系统密切相关的政府、养老企业、共享经济平台、时间银行、社区和养老居民的养老协作治理机制。"一网统管"将技术、数据、人员、工作进行有序规划,帮助城市管理者真正解决城市治理难题,实现养老"一网通办"和"一网统管"的"两网智治"一体化协同。

(2)运行流程差异,需要对出现的问题进行解决、更新和迭代。"一网通办"改变政务办理传统线下的低效率,为养老居民提供"一站式服务"。就"一网统管"而言,政府依托技术平台,通过发现、分析、处理、反馈问题进行闭环管理。将养老档案电子化链接"一网通办",其主要流程包括申请、审查和备案等环节,链接后可推动城市养老跨部门、跨层级、跨区域的协作;以技术力量赋能城市运行,从而提高城市治理能力和运行效率。

（3）价值定位和涉及范围都有差异，精细化服务效果会受到一定的限制。"一网通办"聚焦微观层面。体现在政府站在微观主体的角度为养老个人和企业提供良好的软环境的服务主体的私人性，每一事项能够在规定时间内高效妥善办成的优化行政服务的细节性，以服务为价值导向，多以柔性、多元化手段完成。"一网统管"更多涉及政府对整个城市全貌感知的宏观层面，着重统筹管理，"一网统管"所带来的技术便捷性，能够提升城市治理的精细化程度，将会惠及整个城市居民，维护城市的和谐秩序，是技术赋能基础上的国家治理能力现代化的实践。

2. 解决对策。信息技术和组织化为养老提供了运行的动力。技术保障的网络化使社会合作成本极大降低，信息技术通过程序运行与执行的便捷连接，为各行业的组织创新提供了有效工具。在我国的条块分割中，条的纵向运行比块的横向运行更容易成功。主管部委主管的信息化建设分是纵向的"条条"，其目标比较容易实现；地方政府推动的信息化建设是横向的"块块"，其目标是信息共享与协同办公，这都是针对执行效果而言，作为衡量指标的度量是相对模糊且很难测量的，目标导向不强。在纵向"一网通办"和"横向一网"统管中，纵向是两网智治中的难点——条条分割，横向是两网智治中的焦点——块块分割。通过与养老有关的城市数字化档案与全国数字化档案链接，实现养老数字化档案的全国信息认证；同时与省级区域"一网通办"链接，就能实现省级一网通办的养老身份的异地和同城比对。

（三）约束机制

1. 存在的问题。

目前全国并没有统一的一体化政务服务平台，各地电子政务建设也没有统一的技术标准，跨地区、跨部门、跨层级、跨业务的信息资源因信息孤岛存在出现共享共用不足、协同力度不够；数字政务地区分布不均，基层数字政务建设和能力均差异较大，地方各级政府普遍重视硬件设施建设，对电子政务专业人才、管理服务等软件建设重视不足，网络资源利用率差，服务交互性不强，政府与公民互动较少；大数据时代呈指数级增长数据安全已成突出问题，大家对安全隐患认识不足，数字企业过度收集个人信息现象严重、算法监管问题滞后都提示安全制度保障急需加强。

2. 解决对策。

（1）为技术创新提供保障。建设整体性数字政府需要优化顶层设计，跨地区、层级、部门的政务数据资源共享和交换需要加大力度，统一规划部署、统一标准建设和规范应用标准，改变分散、重复的建设模式，向集约化可持续的发展模式转变，用延伸到 8 小时工作时间以外的方式消除养老公共服务的"盲区"，优化政务服务平台服务流程，在技术引领下实现平台一体化、服务一体化、保障一体化。

（2）顶层设计要以建设可持续的服务链为中心。恰当选择本地区的发展方向，建立本地区的发展优势，加快地区的智慧城市建设，有效利用周边环境优势达到事半功倍的效果，要以建设可持续的服务链为中心，通过不断积累推动智慧城市持续发展。对养老资金少，养老服务供给总量少且有效供给也不足的难题，切实通过养老数字化档案全国联网、与省级"一网通办"链接、城市"一网统管"数字化窗口对接，让与养老有关的数据实现全国联网、省级"一网通办"、市级"一网统管"，不仅强化了国家顶层设计中对养老的制度保障和福利资金的支持力度，也为老人用闲余的劳动时间积极养老、互助养老提供了全覆盖的养老服务供给路径。顶层设计要以服务链为中心，减少多个政务 App 因标准不统一造成的浪费，加大公共服务向省、市、县、乡村的覆盖力度和信息服务的无障碍改造等。

（3）政府对技术企业的监管。大而全的技术方案虽然很完美，但一是不容易成功，二是设计成本和维护成本太高，且有些功能并不实用。智慧城市需要政府和社会力量共同投资建设，在增加公众获得感上看面向市场的企业做得更好一些，因为效益可持续才是企业生命力的真谛，所以顶层设计的方向是动态的符合环境需要的可持续服务链，政府通过与企业的合作，可以把企业的信息化创新能力组合到政府的智慧城市规划之中，形成长效监管机制。

（4）进一步增强数字政府辐射带动作用，推进后疫情时代经济发展和智慧城市建设。"一网通办"和"一网统管"都是运用互联网、大数据等技术手段的大规模数据精准化应用，"双网智治"能全面提升政府效能和创新监管方式。企业智能服务影响力来自规模经济，地方政府智慧城市建设规模受到管辖权和数据共享的广度深度的限制，只有推进公共数据资源开发利用，发挥数据的赋能作用和要素价值，才能为实现"服务通"提供有力支撑，实现全面覆盖、多维融合的跨地区协作，提升政府治理能力和养老居民获得感。

　　中篇关于养老大数据协作机制从养老"一网通办"协作机制、养老"一网统管"协作机制、养老数字应急协作机制、养老数字文旅协作机制、养老数字政务协作机制五个专题进行了论述。我们知道信息化建设不可能一步到位，通过养老的"两网智治"的智慧城市的实施方案的顶层设计，加强目标导向，出现问题不断解决、更新迭代；通过"青老"和"老老"服务的劳动时间通存通兑在"两网智治"中的实现，能从根本上缓解养老服务总量不足、有效供给也不足的窘境。上述措施的采纳使养老协作机制有效建立、高效运行，根据我国养老现实筹划的共享养老就有了坚实的基础，共享产生的规模经济与养老智治的社会影响都是深远的。

共享养老大数据审计协作机制

鲁迅曾说:"世界上本没有路,走的人多了,也便成了路。"尚未见到有关共享养老大数据审计的研究文献,关于共享养老的论文也很少,其中,笔者撰写的论文就有三篇,加上从2015年起陆续发表其他的养老论文,目前源自笔者个人的养老论文就有20余篇。养老现实举措中框架建立是通过政府购买服务、企业运营、社会参与的方式,为社区提供居家养老服务,探索解决老年人健康医疗、生活照料等问题。

从今天我们为自己的父母养老操劳,明天要为自己的养老长远规划,没有谁可以是养老的旁观者,更没有谁在养老的链条上是可有可无的存在,今日的你不能在养老的协作上做最好的自己,以己助人,他日你在低处之时别人袖手旁观的概率就会徒增几许。养老大数据中我们每个人都是数据构成的最小元素,也是数据生产力里最活跃的因子。养老数据越规范,对未来养老的数据化分析越有借鉴意义,而养老大数据的协作效率就成为养老大数据协作机制的重要制约因素。对养老数据的全过程的追踪,莫过于审计的融入。脱贫攻坚的举世瞩目的成绩已显示审计大数据助力系统的效力,它也为养老大数据审计奠定了坚实的基础。

共享养老是个系统工程。通过养老非正式照料标准化统筹通存通兑为媒介的时间银行的开设,在"青老"和"老老"的"错时消费"的动态接续中,形成养老基金池内的供给和需求的相互抵消,有效减缓了依靠后来的年轻人缴纳的社保弥补养老基金的根本性不足,形成这种闭环管理的有效机制就是共享养老大数据审计协作治理机制。

专题十

养老大数据审计实施概况

　　养老已是世界难题，也是我国有深远影响的社会问题。与养老相关的各主体包括政府养老平台、养老企业、社区和养老居民等，养老生活的质量与上述主体间的协作密切相关。国家审计机关是专司经济监督的行政机关，审计机关的活动涉及国家经济活动的方方面面以及各个层次，审计人员是深入国家经济活动中的各个参与者，全面、客观地分析其经济活动的合法性、合理性与效益性，在审计过程中广泛地接触和采集了国家经济运行的信息，其中的很多信息是第一手信息，这些信息对于国家相关政府部门进行决策具有相当重要的意义。

　　我国养老大数据审计实务处理多集中在个人养老金发放、冒领、企业多缴和少缴养老基金上，还不曾有像脱贫攻坚的审计助力全国养老一盘棋的大数据专用系统，这与要解决养老总量大、增速快、养老服务规模化与精准匹配供求、养老生活质量高支出低成本的所需数据能够全面追踪和分析的养老现实相差甚远。

一、养老大数据常规审计内容

　　通过养老金待遇发放库（类 SQL）进行的大数据审计流程如下。

　　1. 生成每月养老金待遇发放的汇总明细账。由于在社保部门的社保业务管理系统中，养老金待遇发放库中有些月份有冲销账，所以先对其按月份进行分类汇总。从养老金待遇发放表中，按照个人编号、费款所属期进行分类汇总，提取字段为个人编号、费款所属期、丧葬费、抚恤金和待遇总额，生成每月养老金待遇发放的汇总明细账。

2. 生成发放死亡待遇的明细账。从每月养老金待遇发放的汇总明细账中，按照丧葬费或抚恤金大于零筛选养老金待遇发放数据，提取字段为个人编号、费款所属期、丧葬费、抚恤金和待遇总额，生成发放死亡待遇的明细账。

3. 生成发放离退休人员养老金待遇月份最大的明细账。从每月养老金待遇发放的汇总明细账中，按照个人编号为分类，筛选出"费款所属期"最大的月份，提取字段为个人编号和费款所属期，生成发放离退休人员养老金待遇月份最大的明细账。

4. 生成可疑人员名单。从发放死亡待遇的明细账与发放离退休人员养老金待遇月份最大的明细账中，以个人编号为关联，按照领取死亡待遇的月份小于发放养老金待遇最大的月份为条件进行筛选。提取个人编号、费款所属期、丧葬费、抚恤金、待遇总额和发放待遇最大的月份，生成可疑人员名单。

按常理分析，离退休人员死亡后，对其家属发放死亡待遇，并停止其他养老金待遇的发放。如果发放了死亡待遇后，还继续发放其他养老金待遇，应视为多发或错发的情况，应引起高度重视。

5. 核查可疑的人员。进行外围调查得出结论。通过外调、电话查询和实地观察等方法，判断该离退休人员是否已经死亡。一旦证实该离退休人员已经死亡，意味着社保部门养老金待遇发放管理存在重大漏洞，应将该离退休人员列入重大可疑名单，并向该单位进行取证，并要求社保部门说明具体原因。根据调查出来的结果，对各种情况和原因进行分析汇总。一旦发现是人为发错，则可基本确定为操作人员故意篡改资料，向操作人员、离退休人员的单位和社保部门进行取证。

二、养老金冒领的大数据审计流程

（一）养老金和失业金冒领的大数据审计

1. 基础数据。

（1）1～12月各月失业经办机构失业金发放表，包括失业编号（失业经办机构唯一识别标志)、姓名、身份证号(个人身份唯一标志)、参保单位名称、失业金额、发放失业金日期。把各月失业金发放表进行拼接合并成全年各月失业金发放明细表,按照姓名 * 身份证号均不为空为条件,提取失业编号、姓名 * 身份证号、参保单位名称、发放日期字段,生成整理后的全年各月失业金发放明细表生成失业金发放表。类 SQL 的具体语句使用如下。

①Select * into 总失业金发放表 from 一月失业金发放表 insert into 总失业金发放表 Select * from 二月失业金发放表……insert into 总失业金发放表 Select * from 十二月失业金发放表

②Select 失业编号,姓名 * 身份证号,参保单位名称,失业金,发放日期 into 失业金发放明细表 from 总失业金发放表 Where 姓名 * * not null and 身份证号 is not null

(2) 养老保险经办机构养老金发放表,包括养老编号(养老经办机构唯一识别标志)、姓名、身份证号、参保单位、养老金额、退休日期。

对失业保险经办机构失业金发放管理系统中的各月发放表进行整理,剔除姓名和身份证号为空等无效数据,进行数据清理后生成整理后的全年各月养老金发放明细表。

2. 违规领取养老金具体情况。

(1) 养老金和失业金同时领取。查找比对同时领取失业金和养老金的人员记录。

将已生成的"全年各月失业金发放明细表"与"全年各月养老金发放明细表",按照姓名 * 身份证号码进行关联,以"领取养老金一个月后仍在领取失业金"为条件,对姓名 * 身份证号均相同的记录进行筛选,查找同时领取养老金和失业金的人员记录。

类 SQL 的具体语句使用如下。

Select a. * , b. * into 领养老金同时领失业金人员表 from 失业金发放明细表 a inner join 养老金发放表 b on a. 身份证号 = b. 身份证号 where month(a. 发放日期 – b. 退休日期) >1 and a. 姓名 * * . 姓名 * *

确定违规领取失业金人员,并计算重复领取失业金的数额。根据失业编号查阅失业保险经办机构发放登记表,调阅参保登记、失业资格认定、退休审批等人事档案。对筛选出的同时领取失业金和养老金的人员进行逐一核对,并向涉及的相关人员和单位调查取证核清事实，计算违规领取失业金的数额。

类 SQL 的具体语句使用如下。

Select sum（失业金额）as 违规金额 from 领养老金同时领失业金人员表

（2）重复领取养老待遇。养老待遇一般由社保部门按月进行社会化发放，在发放明细数据表中，每一个社会保障号码对应的发放记录每年内均不应超过 12 次，如果某个社保号码对应的发放记录超过 12 次，应视为可能存在问题疑点。在养老待遇发放明细表中按照社会保障号码进行分类汇总，筛选出所有发放次数大于 12 次的社会保障号码，形成"重复领取养老待遇疑点记录表"。会有"多人一账户"和"多人一账户"情况出现。

（3）未登记人员冒领养老待遇。

①未参保人员领取养老金者。所有领取养老金人员均应是符合一定条件并已转入离退休人员库的参保人员，否则应视为没有参保但领取养老金的疑点记录。将"离退休人员养老金发放历史表"和"离退休人员情况表"按"职工社会保障号码"进行关联查询，筛选出前表中所有未在后表中出现的社会保障号码，形成"未参保但领取养老金的疑点记录表"。调阅相关人员的养老待遇发放情况，逐笔进行核实。若确实存在重复领取现象，应对造成重复领取的原因进行追查。核查中往往需要对核准待遇的原始材料进行鉴定。

②未进行遗属登记但享受养老待遇者。所有领取遗属困难生活补助的人员均应是在遗属人员情况表中记录在案的，否则应视为未进行遗属登记但享受养老待遇的疑点记录，可能存在冒领遗属补助的情况。将"遗属人员养老金发放历史表"和"遗属人员情况表"按"职工社会保障号码"进行关联查询，筛选出前表中所有未在后表中出现的社会保障号码，形成"未进行遗属登记但享受遗属待遇的疑点记录表"。

③供养人未参保但被供养人享受遗属待遇者。符合一定条件的生前参保的供养人死亡后，其没有生活保障的被供养人按照规定可以享受遗属困难生活补助。所有享受遗属生活补助的被供养人登记的死者社会保障号码应该在"离退休人员情况表"中记录在案，否则应视为供养人未参保但被供养人享受遗属待遇的疑点记录。对"遗属人员情况表"和"离退休人员情况表"按前表的"死者社保号码"和后表的"职工社会保障号码"进行关联查询，筛选出前表中所有死者社保号码未在后表出现的遗属社会保障号码，形成"供

养人未参保但被供养人享受遗属待遇的疑点记录表"。

根据审计形成的"未进行遗属登记但享受遗属待遇的疑点记录表""供养人未参保但被供养人享受遗属待遇的疑点记录表",对相关人员信息进行核查,明确是否存在不符合规定人员领取养老待遇的情况,核查中一般需要核实相关人员进行登记时提供的原始材料。若确实存在冒领情况,应查明造成冒领的原因。

(4)他人冒领养老金。取得离退休职工基本资料和送交金融机构发放离退休人员工资的数据库以及当地公安派出所当年累计死亡人员名单,生成"退休人员工资发放核对情况"数据库,确定核查的重点,对数据库"退休人员工资发放核对情况"处理,查出可疑事项。检查已死亡人员中是否有退休人员或遗属补助对象。对"死亡人员表"中死亡人员姓名＊＊、"月份退休工资发放汇总表"的人员姓名＊＊,取得了已死亡人员中有多少与银行发放工资姓名＊＊的名单,然后在"×月末在册退休人员数据表"中再查询,确定需核查的疑点人员名单。检查发放离退休人员养老金数据中分辨标志和姓名＊＊情况,对"×月份退休工资发放汇总表"标注,对姓名＊＊项查询,得出有多少人使用同一个姓名。通过检查发现,已死亡人员中有退休人员或遗属补助对象,再到银行核查取证该人退休工资账户上养老金收支事实,确定退休人员死亡后,他人已冒领了养老金。审查该单位职工上年职工工资表或通过电话抽查单位职工进行询问,判断是否存在瞒报、少报缴费基数的问题。

(5)是否存在未经验证、逾期仍然继续发放养老金情况。将"需生存验证明细表"与"退休人员生存验证明细表"按照个人编号进行关联,如按照条件"验证年度且需生存验证表中存在但退休人员生存验证明细表中不存在"进行筛选,生成应验证但未验证的退休人员表。将此表与社会发放记录表按照个人编号进行关联,如按照条件"结算期大于等于2×××年7月1日"进行筛选,生成未验证但继续发放养老金记录表。将退休人员生存验证明细表与社会发放记录表按照个人编号进行关联,按照条件"验证年度为2×××年6月30日之后验证且在6月30日之后、验证时间之前有发放记录"进行筛选,生成补办验证手续前未停发养老金表。将供养人员档案表与社会发放记录表按照供养编号等于个人编号进行关联,按照条件"生存特征等于 0 且结算期大于等于 2×××年 7 月 1 日"进行筛选，生成供养人员未验证但继续发放救济金记录表。将供养人员生存验证表、供养人员档案表及社会发放记录表按照个人编号与个人编号、供养编号与个人编号进行关联，按照条件"验证年度为 2×××年 6 月 30 日之后验证且在 6 月 30 日之后、验证时间之前有发放记录"进行筛选，生成供养人员补办验证手续之前未停发救济金表。劳动部门应该强化资格验证工作，确保劳动者的合法利益不受侵害。

（6）审查是否存在不满足退休条件者办理退休且领取了养老金。文件规定，必须同时具备退休条件方可按月领取基本养老金。将退休档案表按照筛选条件生成不满足退休条件办理退休领取养老金表。针对新办理退休的人员，审查其在退休当年年初至退休之日是否正常缴纳养老保险费。将退休档案表与职工缴费明细台账表按照个人编号进行关联，按照条件查找退休档案表中存在，但职工缴费明细台账表中不存在相关缴费记录的退休人员，再按照条件"个人编号在社会发放记录表中存在"进行筛选，生成不满足退休条件办理退休领取养老金表。

（二）各企业多缴或少缴养老保险费金额的征收数据库的大数据审计

基本数据获取流程如下：个人代码数据库由个人代码（参保职工身份唯一标识）、单位代码（参保企业身份唯一标识）、缴费工资、缴费基数（应缴养老保险费）、实际缴费、征收费率等重要字段构成；单位名称代码数据库由单位代码、单位名称、经营地址、电话号码、法人代表等重要字段构成；取得当地社会平均工资、月平均工资；取得社保部门核定的企业缴费基数。设定征收数据库的数据筛选条件（缴费基数大于当地月平工资的 300% 或缴费基数小于当地月平工资的 60%），提取个人代码、单位代码、缴费工资、缴费基数、实际缴费、缴费费率和缴费时期字段，生成缴费基数不符征收明细账（类 SQL）。

具体查询如下。

针对个人：CREATE 缴费基数不符征收明细账 AS SELECT 个人代码、单位代码、缴费工资、缴费基数、实际缴费、缴费费率、WHERE 缴费基数 >当地月平工资 * 300% OR 缴费基数 < 当地月平工资 * 60%、FROM 征收数据

库。对筛选出来的数据分企业汇总缴费工资、缴费基数（即为单位缴费基数）、实际缴费。

针对企业：CREATE 汇总表 AS SELECT［单位名称代码数据库］. 单位名称，SUM（［缴费基数不符征收明细账］. 缴费工资）AS 单位缴费工资，SUM（［缴费基数不符征收明细账］. 缴费基数）AS 单位缴费基数，SUM（［缴费基数不符征收明细账］. 实际缴费）AS 单位实际缴费，FROM 缴费基数不符征收明细账 LEFT JOIN 单位名称代码数据库 ON［缴费基数不符征收明细账］. 单位代码 =［单位名称代码数据库］. 单位代码。

分析：将各企业职工个人缴费基数汇总数与社保部门提供的企业缴费基数核对，检验社保部门提供的企业缴费基数，主要是看社保部门核定企业缴费基数时有无另定标准、其核定数与该企业职工个人缴费基数汇总数不符的情况，导出至 Excel 表中计算各企业多缴或少缴养老保险费金额。

将基本养老保险基金收入作为重点审计事项时，利用数据转换功能实现数据转换，生成养老保险基金收入明细账和业务收缴账。将数据信息表进行关联、修改，进行图表分析。利用高级查询条件显示月计余额数，图表显示某月基本养老保险收入较次高月份异常值较大，则将该月份列为审计重点。通过查询业务数据"单位基本信息表"，确认单位编码，再以单位编码为引子到个人补缴表查询该单位补缴情况。发现该公司补缴了两笔，财务已入账，而业务是通过确认标志分别为"作废"和"确认"的一正一反的方法处理，实际并未入业务账，也并未计入员工个人账户。财务数据与业务数据出现差额。经询问、落实有关人员，缴纳的养老保险费已全部计入养老保险收入。

基本养老保险基金收入的关键点是财务与业务部门是否按时对账。如未按时对账，则说明其内控制度不够健全，应对其收入的及时性和完整性进行重点审查。运用 AO 系统"审计分析—数据分析"功能，根据收缴数据库，按实收确认时间汇总审计年度实收养老金与财务账面数字核对，审查是否一致；是否有结算单据开票时间与收款确认时间差异较大或未进行收款确认。根据养老金结算流程要求，参保单位结算缴款后，财务部门需在计算机结算系统对该笔结算单据进行确认处理。由于结算业务较多或调节收入进度及其他原因，可能存在财务部门照单收款后未及时进行确认处理，而是拖后一段时间再进行确认，从而调节收入或存在资金挤占挪用的情况。运用系统"审计分析—数据分析"功能，查询出单位收缴数据库缴纳时间与实收确认时间不一致的结算单据。对结算单据按缴纳时间与实收确认时间的时间差进行排序，仅有缴纳时间而无确认时间的结算单据按缴纳时间排序；是否有养老金合计为负数的结算单据。按照常理，养老金缴纳应为正数，如果有负数情况，应查明原因，运用系统"审计分析—数据分析"功能，查询出单位收缴数据库中养老金合计为负数的结算单据。

查证分析：对审计年度财务账收入总额与业务数据差额，剔除因财务结账时间不一致因素，财务部门为及时编制报表，一般在稍早于月末时间结账，对不一致结算单据结合前后年度入账情况逐笔核对，审查是否存在计算机系统已收而财务部门未记收入情况。抽取部分时间异常的结算单据，结合对参保单位的调查，落实结算单据开票时间与收款确认时间差异较大或未进行确认的原因，如果参保单位证实已缴款而财务部门未确认或参保单位证实的缴款时间与财务部门确认入账时间有较大差异，则可以认定其可能存在挤占挪用问题，应根据情况作出进一步处理；养老金合计为负数的结算单据，应结合专业判断对业务部门经办人员和参保单位进行调查，落实退款原因，并抽查核对部分个人账户明细，确定是否存在违规违纪问题。

三、养老大数据审计面临的冲击

（一）养老资金缺口巨大，作为唯一管理主体的国家的压力在不断加大

吴雅琴和魏秀（2022）认为，据辽宁省人力资源与社会保障厅养老金测算，2016~2020年的5年总计缺口2 546亿元。个人账户资金账户余额是1 017亿元，按时足额发放养老金，仍存在1 529亿元的资金缺口，这使基本公共服务供给和养老金负担等养老事业压力不断增大；2019年，辽宁领取居民养老金的人数超过了437万人，相应的养老保险基金支出为71.4亿元，人均约为136元，养老资金缺口巨大。

（二）2 亿多老人生活照料和医疗服务的刚性需求增长与供给不足的差异日益显著

我国庞大的老年群体对基本生活保障的生活照料和医疗服务需求量大且两者高度叠加，养老服务的供给总量不足且有效供给不足，两者绝对量差异日益显著，以 5G、大数据、人工智能、物联网、区块链等新一代信息技术应用为抓手，打造特色新型智慧城市试点示范，形成可复制、可推广的有益经验是大势所趋，但省级新型智慧城市建设经验尚显不足。

（三）政府层面的社区养老服务还不能全覆盖

从辽宁实际来看，2020 年 6 月，辽宁省民政厅下发养老相关政策。到 2024 年，实现城镇社区养老服务设施全覆盖，农村社区养老服务设施覆盖率达到 80%。这也从一个侧面说明，政府层面的社区养老还不能全覆盖，且远远不能满足老年群体居家养老的需要，而且大部分社区养老服务中心均面临"收少支多、入不敷出"的困境，仅靠政府补贴难以解决运营后的实际困难。各地均缺乏区域化、小众化、本地化、专业化的社区养老服务机构，不以营利最大化，但又要盈利以服务更多人的社会企业则更少。

四、建立共享养老大数据审计的现实性

解决养老严峻的现实，需要"社区＋共享养老平台"的协作。共享养老平台有精准匹配、养老产品规模优势，社区养老有最小单元化适龄人力资源规模优势、智慧型城市有养老的行政一体化技术和管理优势、"小老人"为"老老人"服务的时间银行具有非正式照料形成闭环的规模供给优势，都成为共享养老协作治理机制不可或缺的重要组成。但这些在限定场景才具有资源集聚优势的养老参与主体，如果推广到全国的应用上，则都有自身无法克服的硬伤。例如，未富先老的国家从资金角度无法在养老基数大、养老增长

速度快的趋势下，满足日益增长的总供给不足和有效供给也不足的年资金投入量；养老服务供给的资金和产品缺失部分由民间投资者和养老企业进行有效的补充，但不赚钱，企业不干，按利润最大化目标投放市场的养老服务不仅因养老人员因没钱买不起、有钱质量差不买而带来的养老企业亏损，按照养老准公共物品性质的养老领域企业定价微利已是现实的客观要求。微利下没有规模销量的保证，企业转产或减产成为必然，养老所需长尾和零碎商品的长期供给出现短缺；"小老人"为"老老人"服务的时间银行因不能异地通存通兑而推广受限，依旧是小众范围的应用；国家推行的社区养老，既缺兴办养老设施的资金，又缺养老服务的一手资源，提高养老居民生活质量的目标难以实现。

国家审计机关是国家行政机关的重要构成，也是宪法规定国家唯一的专司经济监督的机关，国家审计的制度安排应服务和服从于国家治理的总体要求，国家审计作为国家治理中重要和特殊的组成部分，其制度安排的优劣性在很大程度上左右着国家治理目标，所以国家审计与国家治理是相辅相成的。国家审计机关直接受政府委托（间接受人民委托）对各级国家权力机关和国有经济组织进行独立监督。它不同于其他经济监督机关的是，其对政府机关和国有经济组织进行经济监督是国家审计机关的专门职能。养老具有准公共物品的性质，对养老进行大数据审计也是国家审计的工作内容，管理审计是对共享养老进行研究的创新视角，所以建立管理审计视角下共享养老大数据审计是应对现行养老困境的破解之策。

专题十一

共享养老大数据审计协作治理机制

笔者对智慧养老、日常安全监测、智慧型社区、共享养老模式等养老相关内容进行持续而深入的实务研究，结合养老网站运营以及会计、审计专业本科和研究生教学、科研的长期实践，建立管理审计视角下共享养老协作治理机制，并将其应用于我国老龄化的实际，具有现实意义。共享养老大数据审计协作治理机制研究对政府监督指导养老系统工程和老龄人口老有所养、老有所依、老有所乐、老有所安的老龄未来社会都会产生深远的社会影响。

按照联合国的人口统计数据，预计我国将在 2024~2026 年进入深度老龄化社会。老龄化问题是一个世界难题，更是未富先老、老龄人口最多的我国必须解决的现实问题。我国 90% 的高居家养老比例使城市社区养老已经成为重要社会问题之一。2019 年 9 月，民政部印发了《关于进一步扩大养老服务供给促进养老服务消费的实施意见》，提出了"就近可及、买得到、买得起"的目标以满足多层次、多元化的社区养老服务需求。当前，日益突出的养老服务供给不足（总量不足且有效供给也不足）的短板已成为我国老龄化社会治理的重要内容之一，而造成供求短板的根本原因是在多主体参与的养老服务网络链条上出现了多重的断裂点，而共享经济作为解决养老供需矛盾的一种新兴商业模式值得高度关注。在这样的背景下，为了解决养老服务的多中心治理失灵（国家失灵、市场失灵、共享经济模式失灵）、多主体参与（政府机构、社区医疗与健康机构、共享养老平台、养老企业、养老人群）目标难以沟通、协调问题以及多维度（空间维度、市场维度、社会维度）交叉重合定点空间位置（智慧城市）处理等问题，需要建立全新的、复合的养老各要素，协同治理机制规范运营。针对老龄化社会养老服务的迫切实务需求和相关理论的缺乏，提出对共享养老大数据审计进行研究。

一、共享养老大数据审计协作机制相关概述

（一）我国养老治理概况

根据对养老现状的总结，养老治理概况如表 1 所示。

表 1   养老治理概况

序号	指标	焦点	具体表现
1	治理主体	审计、工商、税务、财政、民政等多主体	治理主体多元导致的合法性问题和责任界限的模糊性不同主体间的合作与竞争关系
2	养老是准公共物品	合作网络建立在公共部门与私人部门分享权力、分担责任的基础上	多元化主体对公共物品的供给，会因为行动主体间相互推诿、转嫁责任，导致社会成员对政府的认同感与忠诚感下降，从而会影响对政府的信任感
3	养老产业	作为系统工程缺少规范化、健康化、个性化	总量不足且有效供给也不足
4	参与主体	国家、老人、社区、供给方、共享养老平台和养老机构等多主体	利益不同，难以协调
5	治理效果	国家失灵、市场失灵、共享经济治理失灵	多中心治理失灵
6	治理维度	空间维度、市场维度、社会三维度交叉	交叉重合、定点空间位置（智慧城市）处理复杂

（二）共享经济的治理

共享经济应用中谈到和养老同时是准公共产品治理的只有共享单车，主要成果如下：从准公共产品理论角度，在非竞争性（共）、非排他性（享）、盈利性和外部性对共享单车进行探讨治理逻辑（韩建民和张靖，2019）；一部分学者认为共享单车治理面临政府治理和市场治理双失灵的窘境，需要市

场、政府与社会三方参与来解决（秦铮和王钦，2017），主要采用协同治理和整体性治理等模式或机制（郭鹏等，2017；岳宇君和胡汉辉，2019）。另一部分学者认为共享单车乱象出现的原因是单车企业、使用者和政府三方的核心利益诉求在共享单车运营中发生了冲突，共享单车治理需要政府介入，并制定相应规则以及出台行业自律性规范来约束运营商行为，加强对共享单车监管，也强调政府在监管中要创新监管模式、体制与机制，充分发挥市场的作用（姜宁，2017；郝身永，2018）。

二、建立共享养老大数据审计协作治理机制的可行性论证

（一）共享养老大数据审计协作治理的三要素

1. 国家只是唯一的养老管理主体，不是养老资金提供的唯一主体。按照国家福利理论，国家是福利的唯一主体。养老是准公共物品，属于国家福利的范畴。未富先老的工业化现实，使世界第二大经济体的我国也难以有足够的资金独立支撑上亿养老人口大国的巨额统筹养老支出，国家作为唯一的管理者只有向多主体协作转变，才能吸取其他主体资金来源，避免国家在养老问题上因资金短缺造成管理失灵。大型地产养老企业作为民营经济中具有长期稳定盈利模式和雄厚资金的涉老上市公司，成为引入社会资金的政府首选，但大型地产养老企业的运行效果并不理想，几乎全线亏损，同时，作为退休收入不同的养老人员也不可能以全体都购买地产来实现社区普惠居家养老的全国覆盖。例如，从目前县城地产养老做得较好的碧桂园来看，即使不考虑由于房产规模的快速增长带来的售后屡见不鲜的负面报道，在县城建造的小区也只能满足小部分经济条件好的少数养老居民。而承担起普惠到全社区覆盖职能的涉老企业，恰恰是同国家养老政策同步、享受国家优惠的社区租赁地产、管理严格、注重全成本核算的中小涉老租赁地产企业，这些获利相对理想和稳定的企业具备了构成连锁式区域性养老主流模式的运营主体条件。

2. 养老政策执行和养老资金使用的监督机关——审计部门。《中华人民共和国审计法》规定，政府审计机关作为企业职工基本养老保险的监管主体之一，负责审计企业职工基本养老保险制度运行与政策执行，基金筹集、基金使用、基金管理等情况。

按照国务院颁布的《股票发行与交易管理暂行条例》第十三条、第三十二条、第五十九条，《关于股份有限公司境外募集股份及上市的特别规定》第二十四条，《关于境内上市外资股的规定》第十一条、第十四条规定：凡发行 A 股或 B 股的上市公司，其上市前的财务报告及上市后的年度财务报告均应聘请具备执行证券业务审计资格的中国注册会计师审计。这是社会审计的范畴。

经过分析，与养老人员的养老资金实体监管责任相关的国家管理的基本单位有审计局、财政局、民政局、老龄办和会计师事务所。能实现日常制度对养老政策和资金全覆盖监督作用的只有政府审计，且具有强制性。

3. 养老服务的社会治理最基础单位——社区。养老服务与养老人员的生活直接挂钩，也与养老管理主体的国家、省、市、区（县）、街道（乡）的行政管理密切相关。社区既是与养老居民密切相关的居民自治机构，又是受街道行政管理的最小养老基本实体管理单位，是有效连接国家和养老居民这个闭环链上不可或缺的一环。社区本身资金不足，人力不足，人才缺乏，缺少自营的养老服务和产品，缺少市场化的社区老年服务中心因拨款不足难以为继，过于市场化的运营老年人又不认可。社区养老自身并不具备充足的人财物。老年人即使能自理、懂手机电脑操作，通过电商平台可以买到物美价廉的生活消费品，但对生活中的非正式照料，如帮买个菜、偶尔收拾下卫生、家电零件损坏、陪上医院、头疼脑热代买药、老慢病开药、医院的检查报告代取、代取发快递、交各种煤气水电费、家里不用东西的处理或出租等，在不给钱或给钱少的情况下，商家很少愿意提供随叫随到服务，社区志愿者也不能在每个人需要的时候立刻到，所以要想少花钱还能实现服务的功能，必须是规模经济下的微利运营的线上养老平台与线下养老服务企业协作才能实现。

（二）建立共享养老大数据审计协作治理机制下"社区＋养老机构＋共享经济平台"协作治理模式的可行性推演

1. 养老资金体系构成：

公式1：　　养老资金＝国家养老＋社会养老＋家庭养老

其中，国家养老是国家作为资金拨付主体的运作，既有拨付给社会养老机构的各种补贴，也有拨付给家庭养老人员的补贴等。社会养老是养老机构作为主体对自身收入、费用的资金管理与运用，资金来源是养老居民不在家庭养老、付给养老机构的养老费。家庭养老是家庭成员中的父母靠退休金养老和儿女资助养老费等。这就意味着国家管理养老资金的范畴集中在国家拨款补助上，而作为企业实体的养老机构资金管理则出现两种情况：养老机构的兴办主体是上市公司的，由注册会计师每年例行审计；如果不是上市公司的养老企业对养老资金的审查仅限于国家拨款的部分，没有国家拨款就没有硬性规定。对家庭养老支出管理仅限于国家给老人的补助及退休金发放（养老基金的监管），其余的养老支出都属于养老居民的自我管理，如果家庭养老不逾越法律和道德范畴，国家基本上没有强制管理的理由。也就是说，国家要应对与时俱进的养老问题，随时动态了解养老涉及的家庭数据是不可行的，通过多种方式调查反馈回来的数据都是滞后的，所以最接地气的"社区＋家庭"组合中的社区就是实时连接家庭养老资金的枢纽。

2. 养老资金监督参与主体构成：

公式2：　养老资金＝政府审计机关＋老龄办＋社区＋$\dfrac{\text{区域租赁}}{\text{养老机构}}$＋家庭养老

公式1可以变形为公式2，理由如下。

（1）政府审计机关对养老资金进行监督。

（2）老龄办最终职能是跟踪养老审计部门居民养老日常问题反馈的窗口，目前要做到这一点还任重而道远。

（3）社区是养老服务的社会治理最小单位。

（4）区域租赁养老机构替代了地产养老，使之成为区域共享养老主体的可能性大大提高。

社会养老按养老机构场所产权划分，可分为地产养老和租赁养老。对于地产养老模式：第一，受资金回收期长、资金流短缺、建设周期长、周围医疗设施配套不齐备等诸因素影响；第二，受中国人养儿防老的传统文化影响；第三，大部分退休老人退休金比较低，而地产养老费用高，80% 以上的老人不愿意去地产养老机构养老，所以地产养老不是养老主流模式。由于全国各地区经济文化水平发展不均衡，养老观念差异较大，既要有普遍对策，又要因地制宜考虑个性化需求和服务。模糊行业界限、资产整合与服务融合的养老商业模式越发受到青睐。一般意义上区域租赁养老机构不是行业观察家的关注视角，但处于稳定盈利状态的"社区 + 租赁养老机构 + 政府补贴"（民政审批、财政拨款）的主流合作模式，很符合国家三位一体（家庭是基础、社区是依托、机构是补充）多元化养老服务供给体系的政策要求，同时，国家和企业养老主体的实体责任也实现了一一对应，可通过"区域租赁养老机构 + 社区"的组合实现覆盖全国范围的区域连锁闭环管理。

3. 市场化精准运营视角下养老资金制度化日常管理主体：

公式 3：养老资金 = 政府审计机关 + 社区 + $\dfrac{\text{区域租赁}}{\text{养老机构}}$ + 共享养老平台

公式 2 转化为公式 3，理由如下。

（1）老龄办是辅助部门。老龄办是跟踪养老审计的协助部门，不是居民养老日常问题反馈的窗口，暂时还无法成为养老问题日常反馈的前台窗口。

（2）家庭养老社区化是必然趋势。家庭养老的传统模式受到家庭核心化、小型化的冲击。我国实施独生子女政策的第一批独生子女的父母已进入老龄化阶段，这种 421 家庭模式构成，使两个年轻人要负担双方四位老年人，对老人的生活、患病等支出，部分家庭难以承担，而且由于工作压力、竞争等，在照顾老人的衣食住行上也力不从心，这就使家庭功能的弱化部分由原来的职工单位向最小的居民自治组织社区转移。居家养老是最符合中国人养儿防老理念的养老模式，但居家养老不能提供完善的基本公共服务的现实，使居家养老不太可能成为成熟的区域主流养老模式。居家养老要想获得实时的多专业、多层次的系统服务，利用社区老年社会服务中心获得社会工作、医疗、护理、康复等基本的社区公共服务，是简洁高效的养老服务途径。家庭职能的社区化是治理居家养老无人照顾、及时便利的养老服务和产品供给失灵的有效措施。探索以护理和社工相结合的服务为核心的社区居家养老服务模式是未来较长时期养老服务体系建设的主战场。

（3）社区自身不具备精准养老的功能与设施。社区与民营经济的中小养老企业结合是广覆盖的必然选择。

（4）精准匹配的共享经济是新型商业模式，是有效的社区养老功能的补充载体。社区只能利用国家的优惠政策协调辖区内的所有养老资源，自建社区线下老年社会服务中心，线上各种平台融合成共享经济养老平台，拓展区域租赁养老机构功能，及时有效地提供正式照料与非正式照料的养老服务和产品。通过与社区联合的共享养老平台运作，实现了养老服务精准匹配的社区连锁的全国有效覆盖。

4. 管理审计视角下养老主流模式日常监管体系：

公式 4：　$\dfrac{\text{管理审计视角下的}}{\text{养老资金监管}} = \text{社区} + \dfrac{\text{区域租赁}}{\text{养老机构}} + \text{共享养老平台}$

公式 4 是公式 3 的等式变形。将公式 3 右边政府审计机关挪到左边，形成由国家审计机关对养老资金进行监管。这意味着国家通过市属的审计职能部门能对国家拨款的养老资金进行养老基金审计，国家政策租地优惠和社区联合共营的区域租赁养老机构资金、国家与共享养老平台的共建资金的使用效果可以追踪，就能建立管理审计视角下的养老资金日常监管模式，即"社区 + 区域租赁养老机构 + 共享养老平台"区域共享养老模式，而且在城市范围内形成有效的闭环管理。

三、建立共享养老大数据审计协作治理机制需要完善的问题

（一）共享经济平台是调控养老供需的有效大数据平台

共享养老平台涉及智慧型城市技术平台、管理机构、共享经济平台、智慧型社区、养老企业和老人六大主体，包括老人生活全自动运营的三大模块：老

人和养老企业之间的协作运营商品、服务的精准匹配体系；社区、物联网企业、租用设备的老人之间的日常监控的普惠；互联网医院、实体医院、社区卫生中心、老人之间的医养结合四级体系。这些模块体现行政管理和群众自治相结合的智慧城市社区养老、精准匹配和双重兑换相结合的共享养老、实时记录和错时消费相结合的时间银行养老等特色。智慧养老和电商模式的区别是实现养老的个性化和专业化。智能设置的出现也避免了失能和失联。共享经济模式引入养老，能实现养老人员既是消费者也是服务提供者的双重身份转变，能够实现精准匹配，是双货币模式下的营销创新，丰富了市场营销理论。养老作为准公共物品的属性，决定了国家必须是养老管理的唯一主体。但在现实中，国家很难做到独自出钱出力，因此，在面对养老资金不足，但管理主体地位也要维持的情况下，就必须有其他资金的注入。国家、养老企业的有效融合圈就是国家共享养老平台的有限载体，其中，国家承担养老管理主体职责、体现国家福利要求，养老企业在社区成建制养老规模购买的基础上以微利模式长效运营。

动力机制的核心是协作共赢、利润共享。在动力机制中，养老消费者通过共享养老平台的规模化运营，能以较低价格获得较高质量的个性化服务；养老企业在养老准公共物品性质限定其无法市场利益最大化的情况下，通过共享养老平台实现微利下的持久运营；共享养老平台通过规模经济的规模大小赚得不同批发价格的层级差；国家通过共享养老平台的精准有效运营，解决养老服务供给总量不足且有效供给也不足的根本性问题。在会计实务中，企业的财务目标是利润最大化，但养老准公共物品的性质要求养老企业的利润最大化是很难实现的（养老消费者因退休收入低，即使需要也买不起，实现购买价格低且商品服务高质量的个性化需求会更难或不可行），所以养老企业的财务目标不是利润最大化，而是细水长流的稳定微利。通过共享经济模式下智慧型城市社区的养老社群规模营销，创造了企业定价和养老消费者生活成本同时降低的供需平衡，这种养老企业特有的持续而稳定的微利模式，是对企业利润计量模式的拓展和创新。

约束机制的核心是探索各级政府的养老保障措施以及治理国家、市场、共享经济的失灵。共享经济模式下智慧型城市社区养老协作治理机制的约束机制是对智慧型城市的社区养老治理机制的创新（见图1）。在养老是准公共物品属性的前提下，全靠国家财政支持的养老自然不可行，会导致国家治理失灵；企业为追求利润最大化出售产品，虽然符合市场经济，但养老居民限于收入，即使需要也买不起，养老是准公共品的属性注定养老产品无法按市场规律定价，会导致市场失灵；居民认可的高质量、低成本的共享经济在城市区域中的治理失序会造成共享经济失灵。这些都是智慧型城市社区养老治理的难点。因此，构建国家（养老管理顶层制度设计者）、地方各级职能部门（按职责权限搭建智慧城市社区、互联共通资源）、社区（负责智慧型城市养老社区的日常管理和信息的上传下达）、养老居民（智慧型城市社区稳定养老团队成员）、共享养老平台（精准匹配智慧型城市社区老人需求和闲置物品调剂）五者之间各司其职、分工协作的闭环式智慧型城市社区养老协作机制，是养老服务供给中治理国家、市场、共享经济失灵的有效举措。共享养老平台包括国家、各级政府职能部门、养老企业、养老人群、社区和平台自身五个主体，各主体间体现了行政、供求、价格、竞争和风险等诸多机制的融合。共享养老平台的订单里既有对没有收入、低收入养老居民的国家福利政策订单，也有即使是电商平台能解决的用退休金购买但不能满足老人低成本、高质量的需求的个性化订单。共享养老平台对养老实施全覆盖模式，通过与智慧型社区协作，更加突出平台在遵循政府主导的宏观调控和市场经济规律下行政机制的作用。共享养老平台体现动力（国家治理现代化）、推力（养老风险防范机制）和压力（养老严峻的现实）的三力统一。"社区＋共享养老平台"采取连锁运营的拓展模式，以获取最大限度地对物流、信息管理体系的运用。

（二）管理审计的定位

我国是世界上养老人口最多的大国，养老人口基数大、增长快带来了养老服务业的生机和产业兴旺，但养老服务供给总量不足且有效供给不足，也尚未构建完善的风险防范机制。审计机关是职工养老保险资金的监管部门，从管理审计视角拓宽审计在养老服务产业发展中的作用，全过程的追踪能有效了解养老行业对社会发展的贡献以及养老服务在全国供给中的综合分布，为解决养老服务产业各种问题提供政策保障的依据。借鉴脱贫攻坚取得巨大成就的审计系统应用实践，从信息流的养老审计系统的信息化构建、养老审计流程的标准化与方法优化、养老审计队伍培训与强化等方面着手，加强管

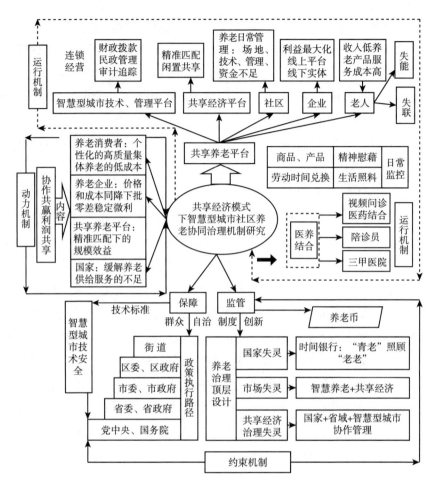

图1　共享经济模式下智慧型城市社区养老协同治理机制研究

理审计对养老的实效性和高效性的监管和保障，助力养老机构提高风险规避能力，为养老产业的发展保驾护航（见图2）。

（三）共享养老企业的微利盈利模式

毋庸置疑，《中国养老产业发展白皮书》数据显示（中国社科院发布），2030年，我国养老产业的规模将达到13万亿元。在巨大的产业前景、国家土地、资金政策优惠、社区运营的多重利好推动下，万科成为国内较早涉及养老领域的房企之一。从2010年12月起，万科宣布首个养老地产项目将以配

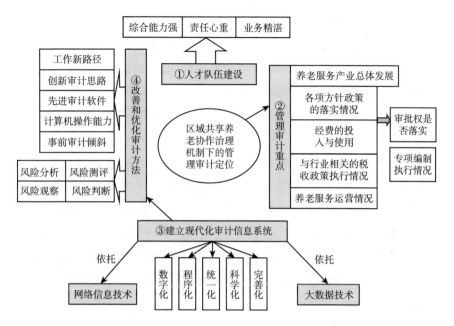

图2　区域共享养老协作治理机制下的管理审计定位

建形式在北京市房山区推出，到2020年，企业利润逐年下滑，投入的"3＋N"养老产品线中只剩下怡园和随园。打造县城养老地产的碧桂园即使扩张规模很快，也难以短时间内实现全国大面积覆盖养老居民，并且因急剧扩张导致售后问题频出，从而影响养老服务的供给。

1. 地产养老亏损原因。地产养老普遍亏损，其中，最直接的原因是养老项目成本高、投资回收期长，未富先老的资金限制、老人理财观念落后、养儿防老的传统思维束缚、人力成本的不断攀升、养老产业的设备标准及服务标准也没有出台、行业发展比较慢。

会计核算的期间一般为会计年度，在地产养老中，国家政策给了优惠的土地，但建设资金的大量投入并没有和收益匹配。养老收益的长周期，使企业无一例外遇到了资金的瓶颈，入不敷出，也使其他盈利资金有去无回，集体持续性亏损使地产投资陷入低谷。而持续的现金流量流入才能维持长效运营，这意味着养老投资不从全周期经营理念着手，不把长线的资本性支出转换成租赁地产的收益性支出，养老企业的持续稳定的高效运营将无从谈起。

2. 全周期养老会计核算指标构成。在地产养老收益下滑亏损的同时，一些区域性民营企业以"极强的抗经济周期性"获得了"资本的青睐"，以稳健的盈利能力在市场上有了立足之地。国内区域养老机构获取资产以存量物业改造的租赁模式为主，经营的性质包括商业物业和租金性质的公建民营、公办民营、PPP 项目等。这些养老机构不包括租赁社区场地的养老社区、属于医疗机构的护理院、社区居家养老等。

养老机构是一个微利行业，拥有 8% 左右的运营毛利润率空间，精细化运营能力成为盈亏之间的必须能力和效率。远低于周边物业的市场化租金水平 + 优质的项目现状（很多项目交房标准都是精装 + 软装配置标准），是目前租赁类项目中利润最高的模式。租赁期超过 10 年的养老机构可争取 4 ~ 10 个月的免租期，如果"改造装修 + 开业筹备"在免租期完成，就等于在没有租金的情况下完成了包括改造成本与筹开成本、软硬装成本等在内的前期改造总成本。养老行业内部把这种成本称为"单方成本"。网上披露改造中高端养老机构的单方成本普遍在 4 000 ~ 7 000 元/平方米，在品质不下降的情况下进行规模化运营，下降空间依旧很大。

3. 养老企业的持久微利盈利模式。根据一般企业的盈利模式，结合养老机构的实际情况，分析如表 2 所示。

表 2　　　　　　　　　　　　养老企业盈利模式

指标		管理审计视角下区域养老主流模式养老指标	盈利模式着重点
收入指标		出床率的床位数量和质量	单床质量：房床比、房间朝向、卫生间配比
		入住率的单月平均与半年的平均入住率	盈亏平衡期：50% 的入住率，入住率和保本点
		客户质量中的平均客单价与动态坪效	单床动态坪效
		在住时长与退住率	床位空档期
		床位费、护理费、餐费收入、政策补贴收入	政策红利期
成本指标		租赁条件：平均租金、免租时间、优质项目现状	平均租金、免租时间完成"改造装修 + 开业筹备"、优质项目现状
		单方成本：改造、硬装、软装筹开成本	品质不变，成本统筹运营持续下降
		建设周期：施工、筹备周期	建设工期底线保证
		取证周期：试运营	试运营意味着极大的法律风险
		管理人员占比、单岗成本、排班制度、护理比	最大化降低管理人员占比、优化单岗成本；"上 6 休 1" + "每班 12 小时"的人员最大化排班制度；合理控制护理比

4. 医养结合的支付。社区的居家养老中"养"是核心，"医"是基础（医养结合中的"医"，并不是简单的感冒开药、查体保健）。我国临床治疗技术尽管比较先进和强大，但要将区域养老机构与医学技术真正融合、直接惠及养老居民，还需要运营机制的创新来突破困境。线上共享养老平台和线下社区综合服务中心的配套，使紧密依靠社区的区域养老机构和社区居民通过共享经济的模式享受成本低、质量高的生活，老人日常监控中的异常又可以通过子女的低成本租用的区域养老机构的智能终端及时发现，生病时通过区域养老机构链接的共享养老平台的陪诊员的专业服务获得有效的医疗。与医养结合相关的医护体系由"急救＋门诊""住院＋医疗康复""失能失智护理＋临终安宁"、慢病管理七大专业服务、四大模块构成。作为可以循环的"社区＋区域养老机构"的主流模式的闭环运行，还有属于长期看护范畴的医疗康复与慢病管理、失能失智护理与临终安宁处理相互没有打通。大型医院因为病人小病大治和长期"压床"造成了医疗资源的刚性紧缺。但如果从事急救、诊断和住院服务的三甲医院与拥有闲置病床的社区内的非三甲医院、养老机构的医务室、社区卫生中心、社区综合服务中心相互签约协作，临终安宁、慢病管理可以通过社区综合服务中心的陪诊员帮忙居家完成，医疗康复、失能失智护理均可通过下级医院、辖区内养老机构的医务室、社区卫生中心、社区综合服务中心完成。而且养老机构、社区能完成诊断前大量数据、资料的基础性工作，门诊医生在给老年人看病时才能更有效的诊断。如果民政部门与卫生部门管理的机构融合，日间照料、康复、护理中打通了医保和商业保险的一体化支付的最后一关，渴望能掌控生活选择权的老年群体的快乐指数一定会很高。

（1）国家有关医养结合规定。2015 年 11 月至 2016 年，国家卫计委、民政部先后发文，或与发展改革委、财政部、人社部、住建部等九部委联合发文，就五项医养结合养老服务的重点工作方向、服务机构许可证共计 36 项重点任务分工方案给出了具体的指导意见，指导着医养结合实践。

（2）商业保险、基本医保的融合支付体系、结算系统不一样，进入不了报销系统。在基本医保中，需要长期护理的老年患者"压床"导致医保费用居高不下，商业保险中的长期护理保险（可借鉴德国护理保险跟从医疗保险）是解决这个问题的良方。但在我国医疗报销制度中，基本医保是普惠的覆盖面，商业保险是满足个性化需求。在基本医保覆盖的范围外，收入偏低的老人很少会再办商业医疗保险，只能是国家从顶层制度上设计的医保基金可以划转非指定本地医院，可以是基本医保覆盖的其他医院或商业保险覆盖的养老机构所办的医务室、社区卫生中心、社区综合服务中心接受长期护理、生活照料等养老服务的单位。

山东青岛自 2012 年进行长期护理保险试点，2018 年底，又发布《长期护理保险暂行办法》。前三年试运行结果显示，长期护理保险支出呈现降低趋势。通过医保基金划转，报销内容限定在基本生活照料和与基本生活密切相关的医疗护理费用。满足照护需求等级评估条件的患者从定点医院的长期护理转至就近的医院或养老机构所办的医务室，接受长期护理、生活照料等养老服务。目前，资产管理只能支持康复护理服务，对于整体医养结合仍然功能有限。而且太保安联研究报告信息显示的每月青岛长期护理机构报销养老标准在 600～900 元（长期护理基金报销比例在 85% 左右），与北京、上海等地普通档 4 000～5 000 元相比，青岛社会长期护理保险的补偿水平仅能达到北京、上海大城市的 15%～20%，补偿能力极其有限。另外，从世界范围看，与最早推出长期护理保险制度的德国相比，试点城市的青岛、长春和成都的筹资水平大体相当于医保缴费基数的 0.5%，上海是 1.1%，比德国在 20 世纪 90 年代中期的水平还低些，也凸显了我国医保基金结余状况的不理想。这种现实也带来了诸多问题：第一，医疗床位的有限导致基本医疗和长期的护理保险相互融合，不仅长期的护理保险总量难以承付，而且因为竞争激烈推出的终身给付的产品也带来了运营的巨额亏损；第二，缺少培训学时满 3～5 个月的非专业护理人员；第三，失能和部分失能老年人如何护理和护理人员资格如何评定与培训问题、行业中设施等硬件标准制定得多，关于人的软环境的培训、康复辅具较少。可借鉴日本辅具咨询师、辅具维修师等职业人士为老年人提供辅具使用的咨询，辅具的处方由康复治疗师来开具，这些相关技术学校专业开设时间都超过 10 年，有着丰富的经验。

中国保险学会与中国社科院世界社保研究中心发布的报告显示：从 2005 年至今，由于我国商业长期护理保险的相关政策及法律法规在发展中的不完善、所需精算数据的缺乏、护理保险产品的定义与划分范围不明确，相应的护理服务体系也不健全，使中国商业长期护理保险发展与其他人身保险产品相比，不仅市场份额仍相对较小，而且发展也不够成熟。

四、共享养老大数据审计协作机制的构建

（一）管理审计视角下的"社区＋共享养老平台"

管理审计视角下的"社区＋共享养老平台"的连锁运营，实现养老的全国一盘棋（见图3）。

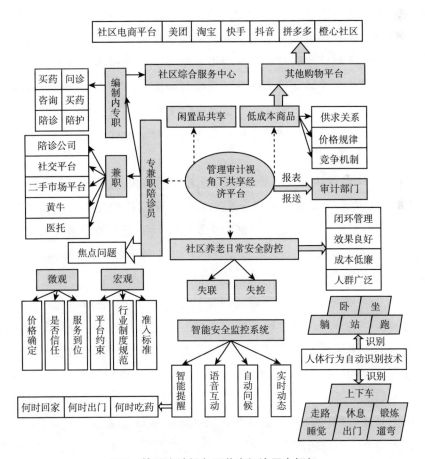

图3　管理审计视角下共享经济平台框架

特色模块如下。

1. 低成本商品和闲置品共享。现有的电商平台的大量优惠产品不能满足老人的个性化和专业化需求，智慧养老平台的智能化养老服务市场定价集中在养老的正式照料上且价格偏高，缺少难以用现有通用流通货币衡量的非正式照料。社区团购也因为老人行动不便且不熟悉"互联网＋养老服务"模式的网上系列操作，为老年人面对"互联网鸿沟"所做努力收效甚微，养老机构也只能满足自身批发部分商品的需求，却很难满足老人所有生活必需品的低成本购买需求。在与区域养老机构紧密配合的共享养老平台上，提供人民币和劳动时间计量的双重计量，养老服务供给精准匹配，及时、多样、优质的生活照料，健康管理，康复护理，精神慰藉等服务内容。老人熟悉的社区圈里闲置物品再利用的共享消费，养老机构以地域归属让自己成为线上共享养老平台的线下社区物资发放的配置点，就可让养老机构的老人们随时享受批量价格的低成本个性化养老服务。政府各职能部门在人力和专业资源欠缺时，可委托第三方评估机构从事大量事务性工作，不仅提高自身的工作效率和质量，而且便于追踪区域养老机构的服务质量、优化评估指标、完善评估结果。

2. 社区养老日常安全监控。居家养老要想解决子女不能全天候照料的"失控"和"失联"问题，社区全覆盖的日常安全监控是必需的，需要闭环管理、效果良好、成本低廉、人群广泛的远程照护老人的智能终端，具有实时动态、智能提醒（主动提醒子女关心老人何时出门、何时回家、何时吃药）、自动问候（日常电话缺少关爱话题时可通过父母最近的作息变化的分析、总结发现细节变化并送出暖心问候）、语音互动等诸多功能。这样的日常监控智能终端，不仅使家属或监护人通过手机自我管理、自我服务，随时了解老人的生活状态及异常行为防范与救治，而且使社区成为老人空巢不空心的健康管理的可控节点。智能终端可以在社区辐射范围内，由社区养老服务中心专职岗人员，通过物联网支撑的共享经济平台传来的低成本租用智能终端的家属或监护人的求助信息，针对性地高效处理老人日常需求，例如，在家意外摔倒、有急事联系不到子女、忘记吃药等。这就打破了在履行健康管理三部曲"数据采集、健康评估、健康干预"时，因规模太小耗费人力成本、管理成本过大，健康干预成为难以突破的养老服务"最后一公里"的窘境，同时，智能终端分析坐、卧、走、跑、站、躺中存在的风险点，也打破了智能手环难以识别这些生物信息的限制，百度、高德定位系统做不到室内定位，特别是不能识别出门六七个小时后可能走失的风险。

3. 专兼职陪诊员。老年人对多样化、持续性的医养服务需求会日益增多。对于子女不能及时照顾，通过子女租用的智能终端的社区养老日常安全监控需要提供紧急救治的情况，社区医养结合中的共享养老平台设置的专兼职陪诊员就发挥了生病买常规药、问诊、咨询、陪诊和陪护的重要作用。专兼职陪诊员能使患者体验到更好更及时的医疗服务，对医疗资源的利用也会更充分，社区共享养老经济平台设置陪诊员服务是让人舒适的"温开水式服务＋专业"模式。

陪诊专业服务的目的是医院办理各项事务的省时和对老人的平时医学陪护。由于医院的就诊流程里预约挂号与取号、缴费与候诊排队、登记与检查、抽血化验和 CT 检查都要耗费一定的时间，加上陪诊路上可能堵车，都需要对就诊医院的结构布局、特色科室、检查及就诊路线流程进行事先的科学规划，并对检查须知的必要事项提前告知，如 B 超要憋尿、胃镜要吃药、血检要空腹等医学常识，就诊必需的证件（身份证和医保卡），就诊费用的估算，以及最晚几点到医院。无论兼职还是专业陪诊中常规陪护服务都需要人情味和耐心，特殊陪护还需要专业培训，通过与专家和护士的医护实时联系通道，根据患者实际情况进行上门换药、更换管道、医院陪护等专业护理，例如，植物人老人卧床在家无法自理，还需要定期更换胃管、尿管、翻身擦拭，用棉棒清洁口腔、鼻腔等。

管理审计视角下区域共享养老协作治理机制的建立，能实现精准化的养老客户定位、养老服务产品营销的持久微利模式和社区配合的共享养老平台供需服务体系。在国家治理中，在管理审计的作用下，精准定位、理性投入、高效运营的区域共享养老协作治理机制为解决传统养老事业诸多发展矛盾和体制性困境提供了中国式共享养老的引领方向和破解方案。

（二）共享养老大数据审计协作治理机制框架

管理审计视角下全民共享养老协作治理机制由运行机制、动力机制和约束机制三部分组成（见图 4）。

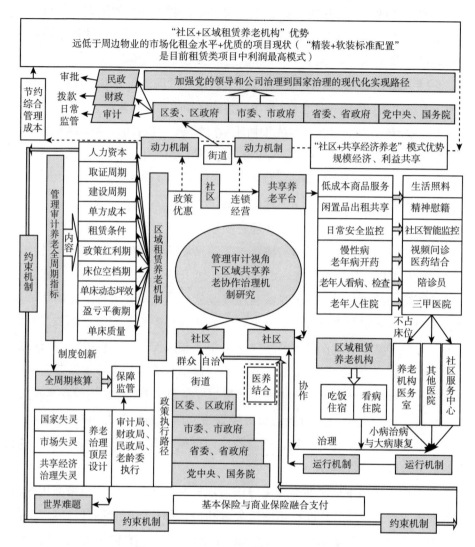

图4　审计视角下区域共享养老协作治理机制研究

1. 运行机制。运行机制中居家养老由社区和共享养老平台联合运营，运营模块包括生活照料、精神慰藉、日常安全监控、医药结合、陪诊就医、四级医养结合等；目前养老机构盈利稳定的模式是医养协作治理的"吃饭住宿＋看病住院"的区域租赁养老模式。"社区＋居家养老"的居民可链接区域租赁养老所在地共享平台，将区域租赁养老所在地作为线下养老资源的收付地。在适老化改造资金短缺时，利用同区域内酒店淡季为社区养老服务助力。例如，老人冬天因自住房供暖温度偏低入住酒店需求增长可避免酒店客房闲置；资金充足时也可对酒店进行适老化改造，改造时要考虑酒店改成养老机构的费用是否高于养老院。服务定位关键在于专业与关怀，我国传统的理念是养儿防老，收入一般能自理的更多选择居家养老，半自理和失能老人更需要专业护理。酒店和养老两者之间有联系也有区别。

（1）服务能否量化。酒店的客户需求相对集中，服务可按行业标准量化考核；养老个性化需求高度分散，目前尚无通用标准。

（2）客户定位。不同级别的酒店直接就定位了客户需求与规模，并与客户消费趋于一致。但进入同一家就近社区的酒店养老人员，他们需要的养老服务未见得都和酒店定位的消费需求一致。

（3）招聘。现实中酒店易招服务员，但养老院难招雇工。养老机构难招人的原因在于内生性因素和外生性因素的共同作用。内生性因素体现在设施水平高低（取决于财力与资金）和服务质量好坏（取决于管理人员、护理人员的技能水平和敬业精神）；外生性因素体现在政策支持与引导、行业是否自律、资源共享程度、社会力量支持、老年人入住意愿大小和经济承受能力等。

（4）适老化改造程度。适合养老的房间与酒店的房间有所不同，前者在功能上要安有扶手、浴凳、智能马桶盖及紧急呼叫按钮的卫生间，要考虑房间是否适合改造成统一的规格、原有的机电系统是否适合加装医疗电梯、要增加大厅和走廊的防滑扶手和改换防滑地胶地面等支出是否经济。如果酒店适老化改造后的客户定位是高级养老，还要增设实时传送心率和呼吸等指标传给养老平台的高科技含量的智能床垫等。

2. 动力机制。动力机制中管理审计视角下区域共享养老涉及政府、社区、养老企业、共享养老平台和老人的协作动力。老人是否愿意参加政府倡导的养老模式，与老人自身受诸多物质条件和心理动机相关的影响因素制约。参加政府倡导的养老模式的"社区＋居家养老"的居民可作为共享养老平台的区域租赁养老机构的散户消费者，将区域租赁养老所在地作为共享养老平台线下散户消费者的养老资源收付地，批零差价由共享养老平台付给区域租赁养老机构，这样"社区＋居家养老"模式的居民通过共享养老获得低成本的个性化高质量生活；政府通过审计部门的日常监控降低了管理成本，缓解了养老服务总量供给不足且有效供给也不足的社会矛盾；养老企业获得了在政府支持下的微利且稳定的经营；共享养老平台通过规模化运营，精准匹配供求，获得批发层级的利润差额。在计划体制下政府从社会福利层面兴办的福利院、敬老院和养老院，目前一部分还是公益性社会组织继续公办经营，另一部分实施承包方式。承包方式虽然增加了效率和养老福利的广度，但是也增加了监督的成本。值得注意的是，我们所说的养老院都是租用性质的集体食宿的机构养老，不包括既可买卖又可租用的独立单元的居家养老的老年公寓（虽然两者都是以个人交费为主），也不包括福利救济型的社会福利院。

3. 约束机制。约束机制中包括国家从顶层设计要考虑的养老全周期指标体系。约束机制的建立与运行受到道德、公序良俗、责任和使命感等诸多因素的制约。从国家顶层制度设计着手，解决因国家唯一主体管理和投资不足而导致的国家管理失灵、总量不足和有效供给不足的市场失灵、国家与地方政策协调失衡的共享经济治理失灵问题。政府在养老中具有多重身份，既是规则的制定方和监督方，也是部分福利产品服务的提供方和购买方，需要通过制定政策和规划实施、加强沟通与协调、激励和制约并用以及反馈监督等诸多手段，为系统运行提供必要的保障和监管。国家政策支撑中的四级医养结合的区域主流养老模式包括三甲医院治疗，由普通医院、区域租赁养老机构医务室、社区卫生服务中心的持续社区护理和治疗的两者功能互补，并建立较好的转诊机制。政府要采取措施建立"自理型生活＋老年病慢性病的视频问诊开药＋护理型康复社区＋专业治疗的三甲医院"框架下的基本保险和医疗保险的融合支付体系。

专题十二

共享养老大数据审计协作治理机制的运行机制

从经济角度来看，老龄化高和生育率低会影响人口结构。如果人口数量中相当部分都是亟待养老的老年人，会加大养老资金不足缺口。为了缓解老龄化人口基数大、增速快造成的养老资金后续缺乏和养老服务总量、有效供给均不足的困境，"青老"照顾"老老"成为缓解养老服务供给总量的现实举措，这种养老非正式照料的劳动时间统筹和全国通存通兑是中国式养老中"青老"照顾"老老"的时间银行运行的前提。限于大部分老人居家养老的现状和大多数老人退休经济收入偏低的社会现实，规范的正式照料并不是大多数人能承受的，以邻里守望、共享互帮的传统文化发挥良好的具有地缘优势的社区将成为养老正式照料和非正式照料有效衔接的载体。

"时间银行"概念起源于美国经济学家埃德加·卡恩（Edgar S. Cahn）针对 20 世纪"滞胀"问题提出的"TimeDollar"，后逐步运用于社会服务领域。国内外学者对于时间银行概念的理解大体上趋于一致。时间银行是一种服务的置换。埃德加·卡恩（1992）提出利用自己对人的志愿服务来赚取时间货币，以此获得对等时长的志愿服务。尽管时间银行出现在 100 多个国家，但由于时间货币没有法偿力，在错期消费中安全性较差，且不能通存通兑，一直是个小众的范畴。假如时间货币在国家层面统一计量，并引入养老服务的专用场景，那支付养老服务时的结算货币自然就有了安全性，在养老服务总量和有效供给不足的客观现实下，时间货币适用于"青老"对"老老"的养老照顾，将照顾的劳动时间换算成统一的时间货币计量单位，在时间银行专设账户单独存储。在这种支付机制里，时间货币消费以类似积分的方式在数字账户里流通，老人愿意领取高安全性的时间货币发放的退休工资的原因是基于时间货币有国家信用保证的安全性和国家政策优惠中比支付人民币能购买更多的养老服务。由于每年都有"青老"变成"老老"和"老老"故去，理论上只有两者之间出现新的增量，才需要新的实体货币进行补充。而在动态流动的养老资金池里等量"青老"照顾"老老"的养老服务，形成每月领取、随之消费的时间货币相互抵消循环。这对于现有养老资金池里因生育率低造成后缴纳养老保险人的数量少，同时又由于老龄人员增速快、总量大造成的养老资金缺口增大，具有很好的弥补作用。探寻时间货币视角下共享（共享经济）、共建（政府、养老企业、养老人群）、共治（政府、养老企业、共享养老平台）理念中共享养老协同治理机制的建立，是解决养老供需矛盾、促进养老居民高质量生活、实现低成本消费的共享养老的重要措施和根本途径，具有重大的现实意义。

一、时间货币应用养老场景的背景

未富先老的养老问题也是世界难题。2021 年我国第七次人口普查数据表明，60 岁以上人口 2.64 亿人，占全国总人口数的 18.7%，其中 65 岁及以上老年人口比重超过 14% 的省份有 12 个，按联合国标准来看，我国已进入深度老龄社会。面临养老服务总量不足、有效供给也不足的养老服务市场供给量根本性短缺，国家失灵、市场失灵、共享经济治理失灵的单一治理无效的诸多困境，时间货币应用养老场景的探索是解决养老覆盖面大、增速快的养老服务问题的有效路径。时间货币能够克服非正式养老照料积分兑换中的无法异地通兑，克服先奉献后消费的时间银行的时间货币不能做到银行存款的通存通兑的养老困境。"青老"为"老老"服务的所跨期间的劳动时间兑换标准、兑换及消费数据化永久保留及兑换、货币全国通存通兑的长期数字化支付方式都需要极高的安全性。

二、建立时间货币下养老场景的 协作治理机制的可行性

(一) 时间货币的相关概念界定

19 世纪末欧美空想社会主义者提出了用"劳动时间"代替货币的劳动交换方式。时间货币应用在时间银行里，不是特指养老领域的应用。全世界第一家时间银行（购买商品必须以工作时间来换取）1827 年在美国开办；目前已在欧美、亚洲等 30 个国家得到应用。1829 年威尔士纺织制造商构建了全国公平劳动交易所，1980 年美国耶鲁大学法学博士埃德加·卡恩基于经济停滞、物价上涨、失业增加的滞胀社会现实和"人人为我、我为人人"的自身考虑提出了"时间银行"概念，并且明确提出了将"时间银行"与社会公益相结合。随后日本、瑞士等国家相继实施"时间银行"。例如，在 1973 年石油危机后，日本政府为了鼓励民众互助在大阪成立"劳力银行"。2007 年，瑞士非营利组织成立了时间银行，并且 2012 年瑞士将其纳入国家政策，兑换时间总数是 750 小时（约 30 天），可提供多样性的个性服务（驾驶服务和护送、陪伴做饭和吃饭、文书处理、家事帮助、休闲活动、人力协助、帮助家庭照顾者获得休息时间）。

我国"时间银行"最早于 1995 年在上海市虹口区提篮桥街道开展。随后，各地也都进行了尝试。初期的"时间银行"规模较小、分布零散，而且主要分布在如广州、上海、南京等几个大城市的个别社区中。2001 年，团中央提出要全面实施志愿者注册登记和服务时间储蓄制度，并于 2002 年 3 月 5 日印发了《中国青年志愿者注册办法（试行）》（已经过两次修订，现为《中国注册志愿者管理办法》）。之后，株洲、郑州等城市以及基础情况较好的三线城市，以"道德银行"名义，正式启动了"时间银行"工作。

时间货币是"劳动时间"代替货币的劳动交换方式，目前时间货币在我国的本土化特指养老领域"青老"照顾"老老"的志愿时间应用。

（二）时间货币作为商品特例的场景应用

（1）时间货币只能由顶层制度来设计。养老服务的覆盖是全社会，如果养老服务供给的企业按照市场经济的原则，保持利益最大化的价格进行销售，而老人退休收入买不起这些服务，是不是意味着买不起的老人就被社会所抛弃而自生自灭呢？养老作为准公共物品的性质说明，国家是福利政策的唯一管理者，以国家信用保障时间货币的安全性是必需的。

（2）时间货币条件下养老服务供应企业的微利模式。我国目前养老企业亏损居多，既是养老地产投资回收期长、现金回流不足造成的，同时也是养老企业的定价和养老居民的承受买价无法契合造成的供求失衡。共享养老平台依据国家的福利政策和精准匹配的规模化养老服务供应使养老企业可形成长效持久的批量销售微利运营模式，而退休金有限的养老居民可通过社区团购规模形成零售质量批发价格的低成本养老生活。

三、以时间货币为基础的共享养老大数据审计协作治理机制的可能制约因素

（一）制约时间货币的影响因素

人民币具有计价、流通、支付和贮藏的功能。如果未来时间货币的时间银行具备同银行一样的通存通兑、自由兑换的功能，这样"青老"为"老老"服务时间货币就能满足时间银行错时消费、异地通存通兑的根本需求。时间货币限定用于先存储后消费的劳动时间互换，可以抑制通货膨胀，所以影响时间货币视角下时间银行与共享养老协作治理机制的制约因素主要是时间货币的数字化、数据化、流通规模、流转速度和运转的平台等。

1. 时间货币的流通规模。中国人民银行作为数字人民币的发行者，未来也应该是国家信用下确定时间货币流通规模的组织者。中国人民银行作为中

国支付体系建设的组织者、推动者、监督者，肩负"维护支付、清算系统正常运行"等法定职责，为金融机构和金融市场提供低成本、高效率的公共清算平台。中国人民银行各级分支机构为商业银行各级分支机构提供结算账户服务。

时间货币应用在养老专用场景，是数字人民币的拓展运用，与新增货币发行总量无关。国家只需要在时间货币启动时拿出一笔周转资金，使虚拟的时间货币与实际货币达成最初财务报表的账实相符，就能在最初不想要和想要时间货币的老人之间形成良性循环，不用发放现金，只是在国家给予福利优惠的额度内消费。在动态流动的养老资金池里等量"青老"照顾"老老"的养老服务，形成每月领取、随之消费的时间货币相互抵消循环，这对于现有养老资金池里因生育率低造成未来缴纳养老保险人员数量减少，同时，又由于老龄人员增速快、总量大造成的养老资金缺口增大，都具有很好的弥补作用。按照会计核算中账账相符和账实相符的原则，第一年财务报表的时间货币与人民币必须相符，这里的人民币等值于第一年的数字人民币。在个人用户因去世等意外原因退出时间货币使用或时间货币运行机制因政策等因素不再通用时，账户中时间货币可以兑换成通用的数字人民币。这时的数字人民币等值于不用时间货币那年的人民币，再重新回到不是特殊养老场景的商品流通中来，这笔资金将成为时间货币运作的基础保证金。通过三年弹性预算看每年能转化为时间货币的比率测算时间货币流通规模。

2. 时间货币的数字化账户和数据存储。时间货币的电子化账户存储的是统一的劳动时间。中国人民银行作为数字人民币的发行者，它可采用一元模式自己独立发行，也可采用和商业银行联合发行的二元模式发行。鉴于时间货币错时消费的间隔期长，出于安全性和国家信用的保障，时间货币应采用在中国人民银行开设和注销数字化账户，由央行授权的商业银行联合管理时间货币支付的二元模式。为确保时间货币支付的高效安全，将时间货币原始数据置于内网，脱敏后数据依据区块链在外网进行，最后支付以时间戳和唯一密码签名为准。时间货币在没消费前，存储的是已经付出没有立刻以现金方式支付酬劳的劳动时间，本质上属于志愿者时长。在我国志愿者的管理属于民政部门，养老也归民政部门管理。这就意味着时间货币的数据存储的具体管理部门是民政部门。因此，时间货币的数据存储路径就是国家顶层制度设计—民政部—省民政厅—市民政局—区民政局（县民政局）—街道（乡）—社区（村）。无论城市社区还是村庄在记录劳动时间原始数据时都需要兑换标准要统一、劳动质量评价指标体系要健全。

3. 时间货币的流转速度。时间货币的流转速度取决于多少人愿意存储时间货币等待日后需要时消费，多少人愿意用时间货币支付养老服务，时间货币错时消费的时间等待要多长，哪个部门能几十年一贯制地管理时间货币的事务、流转的范围有多大等。养老属于巨大工程，虽然时间银行创新了社会养老模式，但是其深受国家信用和民间信用的制约。例如，虽然美国实施时间银行的时间比较早，但是其时间银行是以民间组织开办的，作为市场主体的民间组织在时间银行的通存通兑上无法实现全社会和全国范围的一体化，那是国家福利的范畴。瑞士将时间银行纳入国家管理体系范畴，但是其规定了志愿者兑换的时间最多只能累计750个小时，这对于真正的养老需求还是杯水车薪，瑞士国家政策至今尚未正式定案。儒家的"义利""仁爱""大同"思想，墨家的"兼相爱、交相利"思想，道家的"太平世道"和"承负"思想，佛教的"慈悲助人"思想，来源于传统风俗中的、宗族里的通财式互助和民间的人情往来（红白事随份子和换工、换休等）的共享互助都使我国有浓厚的民间信用基础。我国的时间银行大多由某个街道居委会或有官方背书、官方背景的某一养老机构运作，经费主要来源于街道、居委会或志愿服务机构等组织内部的资金，这些资金随着组织牵头人员的换届导致组织解散而带来了短缺风险，使时间银行难以持续下去或发展壮大，而在实践中，志愿者储蓄的时间兑换的最大范围是"市"这一层面，流转范围覆盖面较窄。

4. 共享养老平台。诸多银行通过银联第三方机构形成了数据和资源的互联互通。个人法偿性时间货币的使用需要在共享养老平台上流通和消费。同时，共享养老平台是养老服务供给的企业集聚地、社区养老团队购买的需求地、时间货币消费的原始数据记录地。共享养老平台将老人零星的个性化需求集聚成平台精准匹配的低成本集体养老服务付费模式，为收入有限的老人提供了依靠规模经济降低产品价格和共享使用权的购买养老服务渠道，提高了养老生活质量；养老企业在老人总体收入低和养老准公共物品的双重限制下，依赖共享经济平台规模经济，获得了降价后的微利但稳定的运营模式；共享养老平台依托社区养老大数据，其收益来源于政府购买订单、养老服务多样带来的综合微利、使用双币模式的法偿性时间货币政策优惠和不同规模的批发价差；而国家通过共享养老平台的国家信用支撑的时间货币应用，退休工资在消费时使用时间货币支付比现金支付优惠的情况下，"青老"对"老老"服务用时间货币结算，时间货币就能在养老服务体系内循环应用，这样会有效弥补养老基金发放的巨大缺口；同时，在一定程度上通过"青老"帮"老老"的非正式照料，也有效缓解了养老服务供给总量和有效供给不足的问题；在老人子女出于各种原因（工作忙、照顾孩子、自身精力不足）无法适时地看护父母的情况下，低成本费用支付给共享养老平台，该平台就会迅速地对老人的各种服务需求作出响应，精准匹配养老服务，服务方式的便捷也大幅减轻家庭养老的负担。共享养老模式通过各尽其职的分工协作实现了高度商业化、市场化格局下的利益共赢。

（二）协作机制框架

时间货币视角下时间银行与共享养老协作治理机制由运行机制、动力机制和约束机制构成。运行机制包括具有时间银行、商品交换、精神慰藉、日常监控和生活照料的五模块共享养老平台，以及中国人民银行管理的时间货币账户开设、使用和嵌接在共享养老平台上的时间银行关于劳动时间的通存通兑业务。动力机制包括协作机制的养老消费者、社区、养老企业、共享养老平台等动力来源。养老消费者获得了低成本、高质量的个性化集体养老服务，社区进行日常养老规模化管理所获得的平台报酬，养老企业获得持久的薄利多销的稳定利润来源，共享养老平台获得了精准匹配下的批发规模收益，国家缓解了养老供给不足的根本性矛盾。约束机制包括对养老群众自治的保障和顶层制度的监管。在监管层面需要国家对时间货币运营进行顶层制度设计；在养老群众自治的保障层面，需要制定全国养老互助公约，以推进错时消费的社会理念。

时间货币视角下时间银行与共享养老协作治理机制框架，见图1。

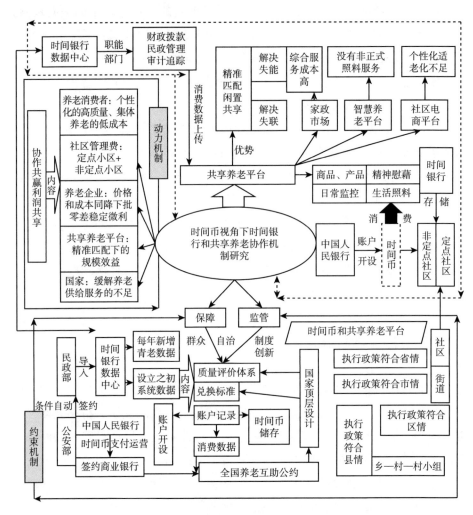

图1　时间币视角下时间银行和共享养老协作机制研究

四、共享养老大数据审计协作治理机制的
运行机制需要完善的关键问题

共享养老大数据审计协作治理机制的运行机制出现多重断裂点，具体表现如下。

1. 国内外时间银行没有统一名称。我国的时间银行无论项目名称还是机构名称都具有中国特色，像现有的时间储蓄、爱心养老以及储蓄机构的爱心时间银行、公益银行、志工银行、道德银行、互助银行等，互不统一，难以形成统一的规定。

2. 没有统一的兑换标准和兑换体系。由于时间银行不是一个慈善组织，而且它与一般银行显著不同。时间银行根本上是供给和需求链接的枢纽和桥梁。服务时间、服务内容、服务方式没有统一的标准，造成难以量化，就失去了通存通兑的基础。时间币可用于兑换相关养老服务，但不能兑换资金或实物，坚持时间换时间的基本原则，而且全国范围的兑换能力的大小也无从掌握，也缺乏权威机构来进行记录、认证与核查。

时间银行存在储存与兑换环节，由于兑换需要一定的周期，因此，如何准确地记录自己的服务时间以及何时兑换服务成为制约时间银行的关键因素之一。"时间币"在江苏南京、江西南昌和湖南长沙试点地区的经验表明，服务内容、时长是志愿者获得时间币的主要因素，而"时间币"除了兑换同等币值的养老服务之外，还可以换取部分生活用品。这和货币所具有的功能是不同的，既要有兼顾商品交换又同时具备货币支付职能的双重功能，能解决社区与社区之间、社区与养老机构之间、市里各县之间的时间银行兑换问题，也解决不了各市之间、各省之间因居民搬迁、管理者调离、档案丢失、缺乏后继参与者等导致养老储蓄时间坏账和不能通存通兑的问题。如果全国的兑换标准不能统一，全国实行通存通兑就成为了空谈，必然不利于异地需求时的有效兑换。另外，当前我国的时间银行还没有达到全国统一，甚至同一地区也存在差异，因此，如何达到全国范围内的自由通存通兑成为当前所要急需解决的问题。

3. 公众对"健康青老"照顾"失能老老"的时间银行的认知度较低。长期以来，我国养老互助模式主要是通过熟人文化开展，脱离熟人文化的社区养老不再强调供需主体的陌生性，但是基于传统观念的束缚制约其发展。

时间银行的核心就是通过志愿服务可以为自己储存时间，但是由于我国时间银行开展工作正处于试点阶段，基于机制的不完善、时间银行服务内容规范性不强等缺陷，导致志愿者与时间银行机构存在不信任的问题：一是志愿者与被服对象存在不信任。最常见的问题就是志愿者对时间银行的存在时间存在疑惑，对时间银行的后续服务的延续性存在怀疑。志愿者服务的关键在于发动年轻人。目前，"健康青老"照顾"失能老老"时间银行的权威牵头单位、养老服务规范和标准等还缺乏，国家宣传力度不足，养老居民实际参与率还是较低，志愿者不够专业、数量少和年轻化问题也客观存在。

五、解决运行机制存在问题的建议

1. 时间货币的启动。现实中比较典型的上海和南京的做法是：在南京，60 周岁以上的低保家庭或者 80 周岁以上的空巢独居老人缺乏独立的生活能力，具体模式主要包括"福慧时间银行"社会组织互助模式、"鼓楼时间银行"区级模式以及"姚坊门时间银行"街道模式；在上海，则优先考虑 70 周岁以上低保、低收入困难老人。

考虑到时间货币的推广和使用不对现有的人民币支付体系造成冲击，可以把政府最先购买养老服务从人民币支付形式变成时间货币支付，为老人提供服务的人员限定在个人志愿者和团体志愿者。其中，个人志愿者多集中在退休的、身体健康的老年人，达到"小老人"照顾"老老人"的效果，形成良好的社会效应。前期可以借鉴我国台湾使用的时间货币互助券形式，在社区内和农村的自然村内相互帮助消费使用，形成联动和前后连续的动态长效机制。

2. 时间货币统一相关标准

（1）服务提供者的选择与培训。利用一切可以利用的资源授权，将所有的运行功能化模块进行系统化。

（2）养老服务项目及岗位的匹配实时与标准量化与评估。

（3）形成一套全国通行的实施标准和评价体系。

（4）名称统一为时间银行；时间货币统一为标准货币时间，以小时为换算单位。

3. 点线面结合的通存通兑。社区分成定点和非定点。定点社区消费以时间货币为主。非定点社区消费实物结算、人民币结算为主。定点社区时间存储自动化审核，非定点社区时间存储人工审核。当非定点社区在共享养老平台消费人数达到规模时，就变成定点社区，转入时间银行自动化审核系统。街道、区和市里设置专人管理，定期审核所属权限内的时间货币储户开户数、余额数；与共享养老平台进行时间货币消费数额核对。当一个市的数据完整，就可把原始数据保留在各城市内网，而外网借助区块链技术形成省级通兑，则全国借助公民养老互助道德公约的签订形成的数据链就可在国家数据中心的联网中形成全国范围内数据的互联互通和通存通兑。

4. 时间货币与日常失控、失联相关的物联网模块的融合。解决居家养老要想解决子女不能全天候照料的失控和失联问题，社区全覆盖的日常安全监控是必需的，只有闭环管理、效果良好、成本低廉、人群广泛的远程照护老人的智能终端具有实时动态、智能提醒、自动问候、语音互动等功能，不仅可以使家属或监护人通过手机在自我管理、自我服务中随时了解老人的生活状态及异常行为，使社区成为老人空巢不空心的健康管理的可控节点，并且，如果能与"青老"照顾"老老"的时间银行连接，用邻里之间的非正式照料作为日常安全监控的补充，将劳动时间作为时间货币记录在时间银行里，就会使日常安全监控不留死角。

5. 时间货币启动。时间货币发挥作用需要国家、共享养老平台、养老企业、社区和养老居民的通力协作。时间货币的启动不需要增发数字人民币总量，时间货币账户设立之初要留有一定金额的人民币备用金，以应对认识高度不够、境界不够、付出不够、生命终结等各种原因需要结清时间货币账户的等值支付需求。年青青人愿意为老老人服务的协作养老场景设定，使时间货币开创了养老资金闭环增量管理的先河，"青老"为"老老"服务体现的是劳动时间兑换的账面时间货币增加，"老老"支付养老服务后体现的是账面时间货币减少，不断有人跨入"青老"的门槛，也不断有人消失在"老老"的群体。在养老基数大、人口增速快的现实下，时间货币账面在不断增减的闭环运营与管理中体现对养老资金的增量需求，打破了养老资金总量不足还没有有效办法缓解的困境。

专题十三

共享养老大数据审计协作治理机制的动力机制

在共享养老大数据审计协作治理机制的运行机制中，大家可以看到，"信任"成为老龄人口参加"青老"、照顾"老老"时间银行的重要因素。笔者为《快乐审计》公众号写过一篇题目是《协作审计的动力之源》的原创推文，认为审计师对客户的信任风险可通过科学高效的大数据审计软件来防范。在共享养老大数据审计协作治理机制的动力机制中，我们需要研究清楚协作动力之源的信任基础是什么、缺少动力存在的问题和如何加强信任的举措。

一、动力机制认知上需要厘清的关键理念

（一）利己和利他能否转化

千百年来"人不为己，天诛地灭"成为许多人的做事准则，但笔者认为"心中要有他人"的善念要常有，这也是"利他"的基础。在一个观念变革需要双赢的时代，心有善念的人不应该是精致的利己主义者，也不应该只是委曲求全和牺牲自我，应该是在互惠互利的情境下都有收获的双赢。人是社会属性的高级动物，当任何人作出利他的行为，都等于回馈于社会的各个层面的其他人，整个社会在个人量变的点滴积累中总会形成这个世界向好的质变。在善念的良性闭环中，每个人极大地利他，最终将回馈到自己身上，也是利己。因此，

卡耐基在书里曾说："做人，要有利他心；做事，要有大格局。"当每个人都让自己变得更美好的同时，这个世界也一定变得更美好。

（二）如何看待奖励和干事的辩证关系

如果没有奖励，要不要干事。答案是肯定的，很多时候即使有没有奖励，工作该做的一定要做。但有奖励和没奖励的区别是会更好地激发想干事、能干事、干成事的热情和自豪感，得奖不是功利，是对工作的认可、付出的肯定，是对工作高标准、严要求的态度。只有树立永远站排头、争第一的目标，一个动态的优秀团队才有干事的源源动力，让人人得奖形成良性循环的氛围。韦尔奇说过："在你成为领导以前，成功只同自己的成长有关。当你成为领导以后，成功都同别人的成长有关。"拥有最好成员的团队不能每一次都赢，但同等条件下获胜的概率要高出普通水平团队很多。"让前任很难看、让后任很难干"的团队带头人做法在协作机制中容易造成闭环管理的断点，"有权不争权、有才不恃才"的团队副手在协作中发挥着至关重要的上传下达的调节作用。

（三）协作和积极心理学的应用

心理学的研究成果和我们的生活有许多的联系。有人说，心理学是营销人士的必修课，要想成为优秀的销售高手，必懂人性。所以在协作营销中积极心理学的应用是常规必备。因为心理学可以让普通人的我们了解自己，也了解他人。当我们不明白自己或者别人为何做出一些举动时，如果懂一些心理学，就可以理解，继而能接受某些行动和举动，从众或趋利避害。大家熟悉的心理学专家的马斯洛就是 20 世纪 50 年代新兴的心理学流派——人本主义的代表人物。马斯洛把以人为主、发挥人的积极本能的学科叫作积极心理学。在协作中我们可以把应用积极心理学的成果作为加强协作效果的"抓手"，马丁·塞利格曼把它叫作 PERMA——"幸福五要素"（P，positive emotion，积极的情绪；E，engagement，投入；R，relationship，人际关系；M，meaning，意义；A，accomplishment，成就），也就是积极的情绪调节、美好的人际关系、生活的意义和自我效能感。积极心理学挖掘着生活中的美好、感恩、审美、向善、求真、充满好奇、爱的本能。就像我们之所以喜欢打折力度大的商品，是因为在品质高、价钱贵的固有意识下，省钱不损质量就觉得是捡了大便宜，心理上会有愉悦感；面对困难时，关心和爱的力量能排解负面的心理；在一个赛道想做最优秀的人的各种卷让人心很累，但如果把赛道拉长拉宽，每个人能找到自己喜欢且擅长的领域进行微调，优势、特长、优点的拥有更容易让人滋生满足感。一般来说，可以选择的机会越少，则遗憾也是越少。完成一件事情给自己一个表扬与自我表扬，在痛苦中获得了一种超越悲惨处境的力量；在压力之下，面对内卷"回避、逃遁、主动适应、选择、境由心造"（排解负面心理的最好实践）。如果我们微笑，面部肌肉的动作就可以让人开心；当人们抬头挺胸的时候，打开的迷走神经会让自己产生让人很有精气神的多巴胺，多巴胺促成了与神经网络相连的内驱力激励机制。

（四）顶层制度设计与基层执行落实

作为顶层制度设计的国家，要考虑制定政策时的外在环境，分析宏观经济运行是处于增长期还是衰退期。

企业的报表除了资产负债表外，还包括利润表和现金流量表。有人形象地比喻：资产负债表就像是一个企业的家底，叫作"底子"；损益表是"面子"；现金流量表才是"日子"。我们追求的是"有收入的利润"，有现金流的收入。当经济越发展、会计越重要时，我们也看到政策制定和落实随着经济运行的风险也会出现不确定的因素。做账的会计和查账的审计同仁天天从事与会计有关的工作时，有谁会深入思考会计和经济相伴相随的时代变迁的经济内涵。资产负债表缩表有可能伤害了企业家精神，使他们缩手缩脚，没有信心，自然不敢投资、不敢贷款，也就没能组合好生产资源，连带利润表、现金流量表都缩表。尽管央行降准降息，但敢贷款扩张的企业以及贷款买房的个人都大为减少。原因是买房的个人和投资的企业可以用贷款将需求变成现实，但还款压力较大，企业获利变得艰难。国际政治环境的复杂和国内疫情下的经济重振，既是国内国际双循环高效运转的挑战，也是对家庭、企业、政府的资产负债表的修复。中央制定一项政策，往往都是牵一发而动全身的系统性决策，虽然在执行过程中可能会有人机械性、片面地理解和执行，但任何时候做事，压力和动力同在、挑战和机遇并存也是常态，就看政策制定是否有利于企业发展的总体外部环境的全面改善，从而优化营商环境和激发企业家精神，而具体落实中的效果则会影响养老企业的发展。

二、动力机制的动力模式构建

（一）一元内驱动力模式

一元动力模式就是个人奋斗的翻版，是内驱动力模式。现用例子加以说明。

成功不大可能一蹴而就，需要积累，需要勇气。因此，一元内驱动力模式下内驱动是不需要其他协作主体的参与，但人是具有社会属性的动物，一元内驱动力模式下内驱动力机制完成后，回到社会中还要成为社会一员。心理学上"温水煮青蛙"，被多人用于贬义，笔者认为，如果结局已注定，在不能承受的沸水煮的剧痛和付出中，可以用自己安于冷水现状的不断提升的水温中让自己充满改变现状的成就感和愉悦感。如果真有一天沸水时点到来时，没有揪心的刺痛，那就是水到渠成。毕业后去会计师事务所工作是常规之举，从实验室仿真到企业实操的熟练的会计技能跨越到财务数据的分析领域的转向，业财融合的跨越需要对大数据软件的学习和熟练掌握。财务转向审计要耐得住寂寞静待花开。累了倦了想换换工作的念头谁都有，不累且工资高的工作谁都想要，但自己能不能在新岗位适应并干长久，都要自己深思能力、精力、体力和对人性的感悟是否匹配。人一是要生存，二是要发展。

（二）二人协作体内外兼顾模式

二人协作体最稳固的是家庭和婚姻。就像托尔斯泰说过的那样："幸福的家庭都是相似的，不幸的家庭各有各的不幸。"婚姻稳固的前提是有感情基础，但最初感情的产生并非都是源自男女双方的同时一见钟情（多是一方情动），很多感情都来自后天的培养，所以相处的时间（协作时间）越长，是可以增进感情（工作的配合度），使协作体感情基础更牢固（协作效果更稳定高效）。

（三）三人以上工作体协作模式

三人以上工作体协作模式的参与主体是多人，就像广西著名的五色糯米饭一般是指黑、红、黄、白、紫这5种颜色的糯米做的饭，是壮族和布依族等许多民族的传统美食，在广西壮族自治区最为盛行，算是当地的一种饮食文化和产物。这也是长期协作的成功例子，体现的协作特色是：色香味俱全的美食（魅力）、美味的口感（活力）、五种糯米颜色的漂亮（创新力是具有安全性的天然色素的混合）、长期喜欢吃（动力）。

1. 协作体的魅力。协作体的魅力指的是与众不同的吸引力。魅力的核心在于，让他人感受到自我价值以及带给他人的快乐。很多人对"魅力"的理解是漂亮/帅气，有一定的人气、影响力和财富，但这只是魅力的外在表现，更深的层次则是魅力的内在本质，能让他人感受到自我价值，且这个价值具有持续性。当一个人能控制好情绪，就不会受制于任何外在的事物，可以专注地追逐自己的理想和目标。有魅力的人，在情绪上能做到负责、有适应能力和给予。

2. 协作体的动力。协作体的动力是技术赋能。动机是迫使每个人坚持目标并实现目标的力量。必须首先满足基本动机，然后才能开始努力改善生活中更美好的方面。马斯洛的需求层次解释了在追求爱、自尊和自我实现之前，是如何被激励去照顾个人的生理和安全需求的。动机决定动力，动机的重要性在于改变个人的习惯、成为最好的你、设定可实现的目标、学习如何管理时间、培养技能和才能、改善自己的心理健康。动机具有开始难而后期适应、不断变化的环境、高效运作、建立勇气和品格、增加自己内在动力的指数效应。当身心健康影响了自身的基本需求得不到满足，会降低幸福感和缺少追求的动力。动力缺乏的表现是目标不够高、拖延症、对未来不确定性的恐惧、对工作和责任感的倦怠。追求的动力来源于努力获得更高职位、更好职位和更好的头衔、基于权力的动机，想成为领导者的人一定是个有远见的人。

　　做与不做的初衷源于加入动机、能力动机、态度动机。无论正强化与负强化都是强化的一个结果，当应用它会增加个人再次执行相同习惯的机会。将增援视为动机的另一层，它会影响我们所做的具体行动。正强化是在完成某个动作或行为后向某人提供激励性刺激，这方面的一个例子是因为比你的同事表现更好而获得奖金。负强化就是在完成某个动作或行为后消除某种刺激，例如，如果你不想让你的伴侣唠叨你后再洗碗，你就吃完饭立刻去洗碗。还有一个是提醒并关闭手机的闹钟，尝试"让它发生"的工作簿来调整个人的想法、目标和行动，以实现自己想要的。能够创建一个自我维持的动力引擎，第一层是核心（驱动你所做的一切的最终目的），第二层是支持（支持你的工作的推动者），最后一层是表面（自己的致谢，是来自鼓励、反馈和建设性的情感支持）。

　　动机具体体现在特定目的的动机、生活动机和工作动机上。大多数人陷入困境的地方通常源于以下四个陷阱之一：你的价值观不匹配，一项任务与个人的核心价值观没有联系或贡献，你认为没有理由这样做，所以你不这样做；你缺乏信心，你内心深处认为你没有能力；你正在经历破坏性情绪，你被各种负面情绪所吞噬，无论是恐惧、焦虑、愤怒还是抑郁，这些情绪会削弱自己的动力，因此你无法完成任务。另外，受害者情结也是一种负面的情绪，这些负面动机都像诺曼·拉尔夫·奥古斯丁说的那样——"动机几乎总是会战胜天赋"。

　　3. 创新力。创新能力是带来经济价值、社会价值、生态价值的技术和各种实践活动领域中的新思想、新理论、新方法、新发明的能力。它通常包括产品、方法、元素、路径、环境等的创新，管理上的创新也成为创新力的拓展内容。创新力的运用体现了想要向上生长，必先向下扎根的态势。

三、动力机制存在的问题

（一）养老各方利益追求不同，降低了动力机制的效率

　　参与养老的主体利益各异。按市场经济原则，养老企业致力于实现自身

利益最大化的财务目标，销售不好的产品减少销售或不再销售。但养老居民的一些零星刚性需求在福利国家政策里是需要满足的。对于退休工资收入不高的老年人，也有将晚年生活质量提高的需求。就个体而言，没有规模的优势，持续享受商品服务的单件零售的批发优惠是不现实的。对于未富先老的国家而言，由于财政养老资金的不足，需要民营资金的进入，但养老准公共物品的性质又使国家成为承担养老管理职能的唯一主体，因此，缓解养老服务供给不足矛盾是国家行政管理主体的职责。智慧养老平台在现有运行模式下，把老人只作为消费者来看待的企业，从根本上不能解决一部分需要政府救助才能生活的老年人。运用劳动时间互换的养老模式在养老企业和社区养老中或有使用，但限于地区间既无标准、又无机构的通存通兑，因此，其应用几乎只停留在小众范围。治理失序的共享养老平台精准匹配供需双方的功能弱化，资源充分利用和最优配置的功能无法体现。没有共赢的利益，无疑会降低协作机制里动力机制的效率。

（二）时间货币动力机制不健全，缺少长效机制

劳动所得来的时间货币可以通过市场行为交易，等于在年轻时用劳动换报酬，老了再通过时间币来购买服务。时间银行交易与直接在市场购买养老服务的最大不同是非正式照料时间市场上没有公允价格，与家政服务最大的不同在于它是综合服务而非专项计价服务，时间银行提供的交易市场是共享养老平台全方位养老服务下的一个模块。

1. "青老"担心付出记录的断档和可兑换性不强。如果担心自己在时间银行志愿服务记录不知何时丢失和永久兑换，参与时间银行的顾虑就多。

2. 共享经济平台参与的积极性差。如果做了是为国家，属于公益行为，国家可以不奖励。但做与不做就成为了不是一定要做的理由，如果没有这个供求对接的平台，又如何能实现时间银行的运行。

3. 志愿时长设定缺少科学性。瑞士将时间银行纳入国家管理体系范畴，但是其规定了志愿者兑换的时间最多只能累计750个小时，这对于真正的养老需求还是杯水车薪。瑞士国家政策至今尚未正式决定谁来最后买单。2022年1月，北京市民政局会同市财政局、团市委三部门联合发布《北京市养老

服务时间银行实施方案（试行）》一个小时服务兑换一个时间币。时间币可用于兑换相关养老服务，积攒一万个可以入住公办养老机构。一万小时虽然可以满足未来养老需求，但扣除生病、家里各种事情、睡眠、休息的时间，不论是否未来能全部兑现，攒够一万小时就会很难。

4. 参与时间银行的"青老"断层，难以良性循环。供给与需求不易平衡，尤其是志工人数越来越多，提取服务的人却越来越少，这样就会形成提取服务过于集中的现象，其背后则是"青老"断层的问题。造成各地区志愿者服务同质化程度较高，能提供专业性服务的相对稀少，兑换能力有限，只限于简单的家务支援、陪伴等服务，而不能满足较为高级的服务及方案多元的个性化养老需求。

四、解决动力机制存在问题的对策

（一）共享养老实行协作共赢，有效提高养老生活质量

共享养老是共享经济模式下智慧型城市社区养老模式。它是通过社区养老团队和共享养老平台将老人零星的个性化需求集聚成共享养老平台精准匹配的低成本集体养老服务付费模式，为收入有限的老人提供了依靠规模经济降低产品价格和共享使用权的购买养老服务渠道，提高了养老生活质量。与养老生活质量相关的三个重要变量就是养老服务的价格、购买更方便、精神生活更丰富。养老服务与高、大、上、广、阔、远的政策不必然相关，共享经济以规模化和精准化并行策略也能做到以"更丰富的东西、更便宜的价格、更便利的方式"进入养老领域，在养老行业深耕下去，不断优化，老年生活消费低，生活质量高则指日可待。

（二）提高动力机制效率的措施

共享养老协作治理的动力机制是指在养老领域中，各方共同参与、合作、分享资源和责任，以提高养老服务的质量和覆盖范围，满足老年人多样化和

个性化养老需求的机制。

随着人口老龄化趋势的加剧，养老问题日益成为社会关注的焦点。传统的养老模式无法满足老年人多样化的需求和快速增长的养老服务需求。因此，共享养老协作机制应运而生，旨在通过多方合作与资源共享，共同解决养老问题，提供更好的养老服务和保障。

共享养老协作治理的动力机制的核心在于合作。政府、非营利组织、企业、社区等各方应共同参与和合作，形成一个相互补充、协同发展的合作网络。政府在共享养老协作机制中扮演着重要角色，应制定相关养老福利政策和规划，提供养老非正式照料统筹标准化通存通兑的资金保障和监管，促进各方的合作与共享。非营利组织可以发挥其经验和专业优势，提供养老服务和支持，组织"青老"为"老老"提供劳动时间可记录、通存通兑的陪伴和关怀。企业入住平台依靠规模化社区团购和社区零星数量精准积聚的批发性购入价格，保证了养老企业的微利而稳定的利润，提供养老服务和产品的同时创新了养老模式。社区作为基层组织，可以发挥社区资源和社群力量，为老年人提供社交、健康、教育等方面的支持和享受规模化带来低成本、高质量的养老生活品质。

共享养老协作治理动力机制的重点是资源共享。资源共享包括物质资源和人力资源的共享。物质资源的共享可以通过设立共享养老设施、共享养老服务平台等方式实现，将养老设施和服务资源整合起来，提供更全面、便捷的养老服务。人力资源的共享可以通过培训和协作机制实现，将专业的养老服务人员和志愿者组织起来，形成专业化的养老服务队伍，提高养老服务的质量和效率。共享养老协作机制的目的是满足老年人多样化和个性化的养老需求。注重老年人的参与和需求反馈，根据老年人的特点和需求，提供个性化的养老服务和关怀。

共享养老协作治理动力机制的实施还需要建立健全的监管和评估机制。政府应加强对共享养老活动的监管和指导，确保养老服务的质量和安全。同时，还需要建立评估机制，对共享养老活动的效果进行评估，及时调整和改进养老服务，提高服务的适应性和可持续性。在实施共享养老协作机制过程中，还需要充分发挥信息技术的作用。通过建立共享养老信息平台，实现信息共享和服务对接，提高养老服务的精准性和效率。同时，还可以借助大数据和人工智能等技术手段，提供个性化的养老服务和智能化的养老辅助设备，提升老年人的生活质量和幸福感。

近年来，内部审计越发得到重视，具有创新意义的漳州市于 2022 年 4 月在全市 7 家重点国企推行了总审计师制度。福建漳州城投集团有限公司作为"漳州市建设现代化滨海城市"的主力军，紧抓内部审计发展机遇，着力加强内部审计力量，从体系设计、工作落实、队伍建设三个方向入手，推动内部审计各项工作稳步有序开展，在探索落实总审计师制度中走出了一条"城投之路"。注重体系设计，完善内部审计制度。第一是推行"总审计师"参会。高度重视总审计师参会作用，严格按《漳州市市属重点国有企业总审计师工作规则》要求落实总审计师参加党委会、董事会等会议，一些有关经济议题的重要专题会，也特邀总审计师参会，使总审计师能够及时反馈意见建议，起到源头把控的作用。第二是开展查缺补漏。总审计师到职后，一方面通过"三重一大"审计等项目对集团已出台制度缺陷进行查缺补漏；另一方面对集团各项制度草案提出修改意见并基本被采纳，为集团内控制度的完善发挥积极作用。第三是规范工作流程。为促进集团内部审计工作流程规范化，提升审计工作质量，在总审计师的指导下，审计部门结合工作实际，制定了内审基本工作规程，内容涵盖审计工作程序、具体操作规范等审计工作实务内容，为内审人员提供系统而全面的指导培训工作手册。

当企业力求打造一支政治过硬、能力过硬、责任过硬、作风过硬的内部审计队伍时，大数据时代对数据安全日常监管的内在动力也要加强。"数据安全"不仅关系到企业的业务可持续发展，更是因其敏感性和重要性，关乎企业的安全发展，避免违法违规风险将是企业生存下去的重要举措。

专题十四

共享养老大数据审计协作治理机制的
约束机制

中国式养老人口基数大、增速快，养老服务供给总量不足且有效供给不足。通过共享养老平台的数据互通，服务范围拓展更宽、服务供给精准匹配，呈现出规模养老提高养老生活质量、降低生活成本的优势；低成本、广覆盖、普惠化的"社区＋共享养老模式"改变了企业高度商业化和市场化下的利润最大化盈利模式，形成养老企业稳定持久的微利模式。对养老全貌进行像脱贫攻坚的审计助力系统的全过程监督，使养老问题在萌芽状态被解决掉，对提高老年人幸福感和社会稳定具有重要的意义。

一、共享养老大数据审计协作治理机制的约束机制的内容

无论是何种经营机构，资本、资源和管理能力，始终都要选择和承担风险过程中的边界约束。经营管理的表现无论是平缓、激进、偏离、回归中的哪一种，都必须要遵守这些"硬约束"。改变政策或制度安排，都需要投入相应资源，审计人员需要关注后续是不是有足够大的市场空间可以覆盖这些投入。核心基础问题是了解并熟悉业务，而全面的业务流程梳理是熟悉业务数据底层，这样才能有效做好共享养老大数据审计。业务全流程梳理至少分为三个层面，具体包括制度流程层面、业务环节层面、业务操作层面，这种结构化思维分层推进的业务梳理的目的就是实现对业务的熟悉。

（一）制度流程

制度流程层面主要集中在企业业务的基本情况、规章制度和操作流程等方面。在这个层面，是要解决"要查什么"的问题。内部审计人员对照制度和流程，按图索骥，也可以提出一些问题，但很容易流于表面，也很难得到被审计对象的认可。制度流程层面需要关注四个方面的基础内容。

1. 基本规范。基本规范包括国标和行业标准，用以了解相关术语和定义等。这些标准可以通过全国标准信息公共服务平台查询，截至 2021 年 2 月，该平台已收录了 67 个行业，共计 73 266 个标准，内容非常全面。例如，JG 建筑工程行业已有 749 个已备案标准，除这些标准外还有会计核算规范，以了解会计核算要求。资金流的检查离不开对会计科目定义和财务系统账套规则的熟悉。

2. 业务手册。业务手册包括产品定义、准入要求和操作流程等。在阅读和使用业务手册之前，需要进行一定的符合性测试，以判断当前实际业务情况和业务手册是否匹配。可以随机在业务手册中挑选一些业务规则，将其转化为语句，看看数据表现是否与业务手册的规定相符。如果存在差异，则需要进一步了解原因，核实后才能充分使用业务手册。

3. 制度体系。一项业务相关的规章制度应该是"横向到边、纵向到底"的，内部规章制度首先包含的是企业章程，其次是针对人、财、物等要素和产、供、销等过程建立的管理制度，然后是具体的流程类、程序类、细则类。通过三个层面的制度体系，内部审计人员可以了解内部管理要求、红线和底线等。对于业务的管理，除了有内部规章制度之外，如果产品或服务具有外部性，一般还有政府监管部门最新的监管制度要求和检查监督标准。例如，在招投标工作中，有《中华人民共和国招标投标法》和《中华人民共和国招标投标法实施条例》对招投标过程中的招标、投标、开标、评标、中标、投诉与处理和法律责任进行了详细的规定。

4. 考核体系。对经营机构而言，考核始终是指挥棒。很多经营管理中出现的问题，表面上看也许是"萝卜多了不洗泥"，根源上可能是考核指挥棒出了问题。一般考核体系都包含考核指标、权重、指标计算说明等内容，对这些内容的熟悉也有利于把握机构对业务的选择偏好和资源投入情况。另外，也需要关注考核指标相应的考核数据来源；对于系统自动产生的数据，需要了解系统的取数规则和校验规则；对于人工计算的数据，需要了解是否存在利益冲突、是否"一手清"。

（二）业务环节层面

业务环节的分解可以按照具体工作流程进行，考虑的视角是多维的和整体的，组成要素是由岗位设置人员、需要提供的信息资料、具体操作步骤与说明、操作系统等构成。只有掌握了这些多维的信息，才可以根据人、信息、流程和系统等多维信息进行内控有效性测试。共享养老大数据审计人员旁观者清，可以分析指出一些管理者忽略了的角落或者看不到的盲区，推动内部控制措施不断完善。

（三）业务操作层面

业务环节的完成离不开调用系统功能，完成信息输入、信息传输、结果反馈等行为。对共享养老大数据审计人员来说，就是要搞清楚业务系统功能界面相关的信息：调用的交易码、涉及的科目、产生的数据、数据存储位置，以及一个系统交易做完后，数据的流向，重点选择实现载体进行梳理和分析。审计人员还需要研判实现业务的载体是否与当事人的风控能力相匹配。对业务当事人而言，载体的选择很简单，但他们往往容易高估自身对风险的驾驭能力，同业其他单位能走好的路，当事人企业却不一定能走好。从数字化审计的角度出发，可以通过对应分析、聚类分析等对相关机构进行业务选择和管理偏好进行分析。

（四）数据管理

任何数据都是基于行为主体在现实世界的活动。风控最终是要达成业务目的，服务的最好的状态应该是一个有弹性的空间，既对内划出边界，也向外守护安全。灰度（区间）式风控，考验的是管理者的智慧和能力。如何跳出业务，设定适当的边界，使业务的发展始终在可控的区间非常关键。建议是要克服自己强烈的自我提升偏好。在共享养老大数据审计推进过程中，要组建跨业务人工智能研发虚拟团队，团队由各业务和技术领域的研究人员组成，打破了传统业务隔阂，以虚拟项目组形式组建工作小组线上群，加强了信息及时共享和业务协同，将审计业务经验和数据研究能力相结合，将各类知识共享、交流、碰撞，协同促进智能审计业务研发及应用，探索智慧审计应用场景。虚拟团队想要高效运行，面临的最大问题是虚拟团队的管理、如何准确传达共同目标、如何应用虚拟技术工具、如何进行有效沟通、如何进行绩效管理等。大家应该通力合作、信息互通、相互支撑。

　　数据管理中的数据存储会经历从无到有、从有到优、从优到专三个阶段。随着对非结构化数据的重视，数据湖（Data Lake）这种新的数据存储理念日益流行，和数据仓库不同的是，数据湖中存储的数据通常是对象 Blob 或文件，以自然格式存储的数据的系统或存储库，不仅有来自关系型数据库（行和列）的结构化数据、半结构化数据（CSV、日志、XML、JSON），还包括非结构化数据（电子邮件、文档、PDF）和二进制数据（图像、音频、视频），数据可供存取、处理、分析及传输，不需要经过清洗和整理，是以原始的格式存储，尽可能容纳、存储多来源的数据，以最大限度满足共享养老大数据审计的探索、挖掘和分析需求。

二、约束机制存在的问题

（一）顶层养老制度设计不完善，导致约束机制监管不足

　　曼海姆（Mannheim，1936）提出国家是福利的主要提供者。但未富先老的我国养老资金不足是客观现实，需要吸收民间资本做有益补充。这与国家是养老管理的唯一主体是不匹配的，造成了国家的失灵；市场经济支持企业利润最大化的财务目标实现，但在养老是准公共物品的限定下，养老企业只有微利运营才是持久稳定的盈利模式，这就造成了市场失灵；共享经济是需

要大力发展的商业模式，但国家相关政策在区域层面的智慧型城市中治理共享经济协调不到位，智慧养老平台老人不会使用或使用不熟练，都会造成共享养老治理失灵。这些失灵都会导致约束监管不足，影响协作机制里约束机制的效果，因此需要省级政府在顶层养老制度设计中根据出现的问题进行改进和完善。

（二）缺少非正式照料统筹标准在国家层面的全局设计

1. 相关制度的不完善。如果没有全社会的错时消费、共享互助的理念，没有全民养老道德公约的有效约束，没有对共享经济平台的保障和监管政策和措施的出台，没有国家对时间银行的统一规范运作的体系规定和全国通存通兑平台的建立，时间银行的运行就成了一盘散沙，难以解决全社会养老供给总量不足，有效供给也不足的困境。

2. 拓展现有运行机构的养老业务模块不够。

（1）职能管理部门。老龄化数据目前集中在民政部。民政部委派实体开发或借鉴现有全国平台运营，添加全国养老共享数据模块。

（2）资金投放部门。主管财政资金拨款的是财政部。也就是说财政部主管老人群体的福利资金拨款。可对高龄老人群体的国家福利现有政策下的资金作为专项管理成为确定时间银行启动数额的基础，资金可直接投放支付宝增设的各省联合支付宝开发的区域链模块所属实名账户，不提取时享受支付宝余额宝存款利息，将财政的输血机制变成造血机制。

（3）全国资金支付平台。2020 年 12 月 28 日，国务院国资委宣布，已经完成了支付宝母公司——蚂蚁集团的股权收购。支付宝上现已开通和 18 个省有关的电子社保卡，意味着支付宝与各省民生相关业务的普及度在不断增长。支付宝未来可与各省财政联合开发本地区的区域链养老数据系统，与各省民政厅共同负责支付宝运行养老非正式照料统筹标准下的兑换数据运营中出现的问题。

（4）各省民政厅未来可以从上面接收全国共享经济服务平台数据，和各市民政局共同监督管理各市线上全国共享经济服务平台，从支付宝区块链接口接收养老非正式照料统筹标准下的兑换数据，线下实体组织由各市民政牵头进行区（县）、街道（村）、社区制来进行具体管理。这样会对养老服务供给日益短缺的情况有所了解，并及时提出解决的对策。

（三）审计人员的意识不到位

审计人员感觉用不到或不知道用到哪，真用时不熟练或不知如何下手。这不仅使审计人员会显得很不专业，还会使其因此产生畏难情绪。想要做好数字化审计，首先需要降低心理预期，不要将自己的未来定位为 IT 专业。举个例子，如果想要造汽车，恐怕需要多年的理论功底及技术实践。但如果只是想开汽车，则很快就能学会。只当个司机，不需要去了解汽油发动机原理。那些编程或者数据分析的专业书，适合放在手边随时翻阅，在遇到不懂的问题时，从中寻找答案。内部审计人员学 IT 技术不是为了做 IT，而是为了使用 IT。专业的 IT 培养路径和不断学习中的获得感才是坚持下去的动力。为了迎合模式，只会慢慢浇灭热情、磨灭兴趣。而用 IT 工具解决问题、提高效率、发现线索之后，只有写过几段脚本的人，才能体会到数字化审计的精髓。先做再学，在做中学，在翻坑越坎中学，带着问题学。德内拉·梅多斯（2012）认为，构成系统的要素、连接、功能或目标都是必不可少的，它们之间相互联系，各司其职。一般来说，系统中要关注系统行为最关键的决定因素，即使表现得并不明显，连接也是至关重要的，通常会改变系统的行为。

数字化审计可以增强能力、提升效率、降低成本和创造价值，它是基于系统论和企业内部数据治理工作的，以企业的全面经营管理相关的内外部数据和信息为基础，以数据库系统数据分析软件信息系统平台为支撑，融合非现场数据分析现场检查和审计质量控制要求，对结构化和非结构化数据进行抽取、聚合、转化、提炼和存储，持续进行深层次分析，挖掘验证展示与共享，有效提升审计质效，实现审计价值创造。简单地说，数字化审计就是对各类数据和业务进行建构、解构和重构，同时，进行知识输出和价值创造的过程。一般可以认为，大数据审计包括在大数据环境下的审计组织模式建设、数据中心建设、审计方法创新、审计风险管理等系统化工作。

（四）审计工作的转型

"工欲善其事，必先利其器。"数字化审计离不开工具的支持，工具不是万能的，但没有工具是万万不能的。这里所讲的工具是广义的工具，包括软件、编程语言、脚本等。需要强调的是，工具只是实现审计思路的手段，工具只能被人驱动去实现目标，工具效能的发挥程度依赖于审计人员的主观能动性。审计人员借口没有某工具而没法做检查，是典型的掩饰检查不出问题的鸵鸟行为。

"三个臭皮匠，顶个诸葛亮。"审计是团队工作，一个人强并不能长久。团队中每个人都强，才能看到团队的强。要做好数字化审计，离不开业务和技术的强强联合，但有太多的审计部门，搞技术的同事埋头苦干，搞业务的同事事不关己，最终都没有成果。反而是那些成员间相互成就的团队，可以看到源源不断的输出。审计团队中的每个人都需要主动进行沟通，构建良好的合作机制，团队成员之间不设防才可以培养出有战斗力的数字化审计团队。

在全新数据的数字化审计工作中，不断试错迭代、探索检查方向的复盘就变得很重要。复盘是审计人员发现并解决问题、提升工作经验、转化为素质能力、增加团队协作与知识共享、提高绩效的重要手段。复盘方式的反思越多，相应的行动跟得越及时，吻合度分析的复盘效果越明显，剔除那些低效、无效甚至错误的做法，找到继续沿用和优化组合的更有效、更符本质规律的审计工作方法。在不同的阶段和内外部环境中，通过沿用和剔除主成分分析法，找出关键组成要素进行优化组合，重点进行数字化审计的转型模式的突破。

（五）集中审计模式的缺陷

若采取传统的集中式模式，人员在同一区域的物理集中将面临生活成本能力退化、基层机构能力空洞化等问题。更何况从公司的组织架构发展来看，随着技术的进步和应用公司内部也有越来越多的产品与项目在逐步取代传统的职能型组织，也就越来越需要多样化的数字化审计人才。随着5G时代的来临，无论是数据还是音视频的交流和交换通过网络传输的延迟问题已近乎不存在，这都需要一些能扬弃嵌入式和集中式优缺点的组织模式。克服专业分工的桎梏，大部分内部审计机构的内部审计人员都是按照业务模块来进行岗位设定的，例如，一条业务线涉及多个环节，一方面，孤立检查一个环节很容易"只见树木，不见森林"，不能发现问题，但连成了线就有可能发现系统性的问题；另一方面，某一个环节存在的问题只是结果，问题产生的源头可能在上游。专业化的岗位设置，让专业的人做专业的事情有利于深查问题，但却不利于对一条业务线进行全面审视。所以需要审计团队中不同岗位的审计人员进行协同，以所在专业为中心，在纵横两个不同的维度上进行扩展和自我突破。

三、解决约束机制存在的问题的对策

（一）完善顶层养老制度设计，加强约束机制监管和保障

在省级以上政府倡导并实施的全民养老互助公约中，共享养老有利于培养社区居民共同养老意识和集体责任意识，也有利于形成社区居民间相互帮扶与慰藉的氛围。低成本、广覆盖、普惠化模式的共享养老模式要想成为养老的主流模式，就需要全社会倡导老人接受实时记录、错时消费的理念；共享养老服务成本相对较低，能为大多数老人所承受。共享养老模式与智能化技术的融合，将极大地提升养老服务的品质和效率，但也需要相关政府职能部门对共享养老平台的监管和政策保障。随着智能化设备的推陈出新和人工智能技术的飞速发展，养老服务越来越智能化，前景可期。利用物联网技术，通过智能感知、识别技术以及各种智能穿戴设备和数据网络互联，共享养老平台可以对老年人的饮食、起居、生活规律和身体健康等状况进行实时监测，并为老年人提供全方位的定制化服务，从而大幅提升老年人居家生活的质量。同时，共享养老平台还可以对老年人突发的疾病、意外伤害等作出及时的回应。养老服务市场巨大的潜力也在吸引有实力的互联网公司进入，许多互联网巨头已经开始布局养老服务市场。与此同时，在养老压力空前严峻的形势

下，政府有关部门也会在政策环境方面提供有力支持，而处于养老服务前线的社区等基层政府机构也会给予全力的支持。

（二）建立健全养老非正式照料服务统一标准下的通存通兑约束机制

国家信用的体现是保证时间货币自由兑换和数据记录、权利安全。数字货币常见有比特币、莱特币等，其特点是去中心化、低交易费用、全世界流通、无隐藏成本、专属所有权、跨平台挖掘等，可借鉴它们的技术和管理特色，但这些数字货币不具有法偿性，因此流通受到限制。这也是积分制和时间货币不具有法偿性，而无法大范围、长时间推广的原因。自由兑换是时间银行运行的关键。面对大数据技术的不断发展，考虑到时间银行兑换问题不统一的问题，尤其是社保实现全国流通后，时间银行嵌接进共享经济平台，通过区域链技术实现对"时间"数据的永久保存。将服务日期、服务内容、服务起止时间、服务时长、积分收入、积分支出、积分余额等信息准确地记录到大数据信息库中，实现精准查询的目的。建立健全养老非正式照料服务统一标准下的通存通兑约束机制对缓解养老服务不断短缺的现状大有裨益。

应该建立以敬老文化为纽带的道德公约非制度化设计。时间银行交换的是"非正式照料的劳动时间"，首批符合时间银行条件的需要国家实行购买，货币交换的资金成为维持时间银行流动的基础保值货币。基础运营长效机制建立后，就成为以时间货币为基础的商品交换。过渡期是货币交换和商品交换相结合。

时间银行实现全国通兑后，面对因信任而导致的供需矛盾问题，我国必须要积极借鉴志愿者的有关规定，制定全国范围内的养老互助道德公约：一是我国立法机关要积极加快立法研究，积极推进全国范围的养老互助道德公约制度。集体主义是我国传统的文化道德，但是文化道德素质虽然具有约束性，但是其不具有法律约束力，因此基于时间银行所存在的信任结构问题，我国政府部门必须要尽快出台关于公民养老互助的相关法律法规，以此指导时间银行建设工作的顺利开展。二是要在全国范围内开展志愿精神宣传，通过宣传，提高全社会的不求回报的精神。同时，开展那些还没设立时间银行的省、市、区、街道和社区，加强运行机制、动力机制、约束机制的规范性运作。

规章制度是内部审计人员履职的起点和终点。制度是推动志愿者积极参加的主要因素，也是推进时间银行长久运行的关键因素。因此基于我国时间银行普及度还不成熟的现状：一方面，我国要建立奖励机制，从物质和精神两个方面给予志愿者相应的奖励，如将储存时间与社保报销比例奖励相结合；另一方面，健全时间银行约束机制，规范时间银行运行秩序，尤其是对于志愿的活动项目、时间等进行准确记录，以便精准化地提升时间银行运作效率。

（三）审计人员的数字化转型

2015 年 12 月，中华人民共和国国务院办公厅印发的《关于完善审计制度若干重大问题的框架意见》中要求：构建大数据审计工作模式，提高审计能力、质量和效率，扩大审计监督的广度和深度。大数据时代的数字化审计和传统审计工作的逻辑是一样的，相差的就是数字化技术支撑的数据是大量浏览中的有效信息，而人工限于精力和时间做不到全面信息资料审计。当业务数据与财务数据、单位数据与行业数据以及跨行业、跨领域数据的综合比对和关联分析借助大数据技术实现链接后，提高了审计人员运用信息化技术查核问题、宏观分析的能力。审计人员从原来经验进行人工查找，现在转为代码或者程序，就可以通过自动化的机械式方式来完成类似的重复工作，大大提高工作效率，降低审计风险。例如，拆分一个机构的全量业务清单，并将邮件自动分发给几十家机构核实，然后在收到核实结果后，自动拼接几十家机构的结果进行分析。再如，获取外部网页上的数据在日常审计工作中是很常见也很枯燥的工作，获取一张页面的数据可以手动复制、粘贴，但如果需要获取成百上千页的数据，就需要利用数字化审计中的数据获取技术，通过代码或者工具实现。

审计需要做的工作很大程度上是在不确定性中寻找确定性，获得感、成就感是审计人员能持续工作下去的动力。结合审计业务，思考在什么场景、适应什么需求、有什么好处，才能用好数字化审计。纯粹的理论知识学习起来会非常枯燥，但结合一个个案例，并以此切入，学习起来就更有获得感。大家通力合作，信息互通，相互支撑。善用资源把握业务动态。

（四）数字化审计工作

先看整体再看个体，就离不开数字化思维和方法。内部审计检查不是仅跟着业务走，而是要分析业务背后的逻辑，要透视流程后面的业务逻辑。

因为业务是从投入到产出的正向流程。但由于信息不对称、信息屏蔽、规章制度文档等与实际业务存在差异等，检查人员需要做的就是基于已有的结果进行逆向分析研究，搞清楚业务的来龙去脉和风险点，透视业务逻辑。这个过程与软件的逆向工程非常类似。软件逆向工程（software reverse engineering，SRE）是指软件产品的源代码、设计原理、结构、算法、处理过程、运行方法及相关文档等资料不是从需求开发导向出发，而是从开发完成投入使用后的可运用程序系统出发，运用多重计算机技术（解密、反汇编、系统分析、程序理解等），进行逆向拆解、分析和推导。

通常，人们把对软件进行反向分析的整个过程统称为软件逆向工程，把在这个过程中所采用的技术统称为软件逆向工程技术。内部审计就是业务分析的逆向工程，好的审计项目的难度不亚于一项高难度的软件逆向工程。内部审计人员要做好这个逆向工程，先必须要搞清楚审计方向，就如同软件逆向工程首先需要搞清楚分析对象是本机代码，还是某种虚拟机，或是解释性的求值机一样。内部审计人员还需要和软件逆向工程分析人员一样，具备进行逆向工程的能力。

很多内部审计人员对数字化审计的最高幻想是：程序一跑，问题立现。好内审，需要"道、法、术"三者兼备。"道"即基本原理、规律和规则，"法"即实践或落实的思路、方法和策略，"术"即具体的方式、措施和工具。数据分析的代码是流淌的检查思路。厘清业务流程和逻辑，才能落实在代码中，问题也往往才会在"有心栽花花不开，无心插柳柳成荫"的状态中显露出来。不踏实学习业务，只期望通过纯粹的数据分析一战成名，很容易陷入"有吓人的线索，无落地的问题"的怪圈中。

（五）嵌入式模式

养老公司的机构遍布全国各地，千人千面，区域差异比较大，统一的规则和模式可能会出现"水土不服"的现象，这时就需要嵌入式的数字化审计。业务和技术人员随着大部队"战斗在一线"，这样才能比较"接地气"，提高任务的响应速度。这种模式也比较适合培养具有业务与数据分析复合能力的数字化审计人才。在数字化审计的起步阶段，不缺少熟悉业务的人，也不缺少熟悉数据分析技术的人，但缺少的是能将两者结合起来的人才。

在嵌入式模式下，业务人员和数据分析技术人员协同合作，进行伙伴式学习，有利于不断创新探索，在互相成就的同时，还能不断拓宽审计边界。嵌入式实际是检查和分析的融合模式，在这种模式下，专业技术人员和业务人员混合组队，企业并没有单独的数据分析团队。通过伙伴式学习等方式，要求每名审计人员均具备运用技术工具开展非现场数据分析和现场检查的能力。这种模式强调现场检查和非现场数据分析的结合，淡化了现场与非现场的界限；业务和技术是合体的，要求每名审计人员都必须具备应用 IT 工具进行数据分析检查的能力；配套实施系统推广和能力培训有效地提升了审计的广度、深度和精准度。嵌入式模式的缺点是对审计人员的能力要求比较高，团队在高效运作之前的整体学习曲线比较陡峭；优点是团队里每个审计人员都能独当一面，成为某一条线审计检查的"战斗"单元，好的思路和方法经多次验证后，转化为审计支持系统的固化模型和功能。

虚拟团队研究人员杰西卡利普耐克对虚拟团队的定义是跨越了时间、空间和组织的边界，通过技术进行互动地实现共同目标的一群人。对于虚拟团队的作用，天荣环保的成功经验是虚拟团队可以增进跨部门、跨组织的有效沟通，使组织扁平化打破了机械式的金字塔结构，它还提供了各种各样的平台，让富有才能但又不在领导岗位的员工有所发挥，得到自下而上的历练，从而成为企业文化传播和发扬的载体。

在共享养老大数据审计过程中，通过数据看到的问题，往往只是问题的结果，而不是问题的原因。审计人员需要清醒地认识到，数据是精确的、绝对的，但对风险的评估和揭示不能非黑即白，需要有场景意识。因为风险不是损失，而是损失的概率，对风险的评估和揭示本身就是基于一定置信空间的判断。在审计检查中，问题的发现往往都是从个案开始。但从内部审计的价值角度看，个案往往不是管理层关心的，管理层关心的是类似的案例是否很普遍，是否存在系统性、群发性的风险隐患。因此，在内部审计的后审计阶段，应重点关注如何用好数字化审计循环，如何基于个案来总结特征、设定阈值，对全公司的数据进行批量分析和延伸检查。

（六）风险防范

在共享养老大数据审计工作实践中，随着公司数字化转型的发展和内、外部数据的不断积累，数据存储、处理和分析越来越离不开数据库系统的支撑。但数据库的选择不是越大越复杂越好，审计支持系统的建设也没有必要一开始就选用复杂的 MPP 架构、Hadoop 架构，而是要基于数字化审计建设规划、工作需求和审计人员能力，结合公司现有的系统架构、技术能力、数字化转型规划、数据量等，权衡各类数据库系统的性能指标后，进行综合选择。

通过联合风控、联合营销、联合政务、联合医疗的共享平台的高效优质服务，解决社会民生中的一些核心棘手问题。大家比较熟悉的金融服务中的核心三要素是场景、数据和智能化，在场景里有大量微贷、保险、支付、财富等相应的金融场景，由于海量用户跟场景有大量的交互，因此会形成大量的数据，数据的真实与否、残缺和不能标准化是影响全样本大数据分析效果的主要制约要素。技术是壳、思维是魂，数据是水、监督是鱼。"业、审、信"融合的基础是要有数据。通过大数据赋能，提高了开发效率，统一化运维部署下，让整个产品迭代更快、运维成本更低、一键部署能力更强，在算法、工程、协议三者协同优化下系统的计算方面功能更完备。在 AI 预测之前要做数据处理、数据分析、自动建模等相关操作，进行共享分析，密码学、工程系统的研究以及算法优化。同时，在信息融合方面，可以共建共享图谱，将用户积累下来经验、知识沉淀下来，产生更高效、更准确、更能保护隐私的知识图谱和数据网络，通过多方安全计算、差分隐私、可信执行环境的技术，能够比较好地将各式各样数据商、保险商、传统金融机构、政府机构等各式各样的数据连通起来，给用户提供更安全、成本更低、性能跟效果更好的隐私计算方案，能够更好保护隐私和数据安全，同时，将数据联合起来获得更好的智能化效果。通过共建模型、共建枢纽、共同决策进行联合风控，企业在安全、效率、效果之间取得更好的平衡。类似于商业银行这样的经营实体，每日产生的数据量可达数亿行。在管理决策和风险管理过程中，经常需要对历史数据进行复杂查询，会使用复杂的 SQL 语句进行全表扫描等，涉及的数据量往往会很庞大，查询响应速度要求较高，传统架构的数据库往往不能胜任，使用基于大规模并行处理（massively parallel processing，MPP）架构的数据库，其包括 Greenplum、Teradata 等，具有性价比高、开源安全、适应性强、通用性强和学习成本低等特点。

在大数据时代，数据的复杂性不仅包括其大小，还包括其互连性、不断变化的结构和越来越高的数据并发访问需求。由于关系型数据库在半结构化、非结构化数据处理等方面存在不足，在一些领域难以满足大数据存储要求。为改善此情况，非关系型数据库应运而生。由于结构化查询语言 SQL 是操作关系型数据库的通用语言，一般就用 SQL 并行数据库。

强化数据安全保障，主要包括以下三个方面。

（1）数据采集风险防范。数据质量是数字化审计的根基，差之毫厘，谬以千里，也就是所谓"Garbage in，garbage out"。数据采集过程中需要满足如下质量标准：完整性、一致性、准确性和及时性。在数字化审计过程中，一致性和完整性是始终存在的挑战。

（2）数据管理风险防范。在数据采集后的清洗、转换和整合过程中，需要平衡数字化审计需求和标准数据映射之间的矛盾。在数据存储方面，需要平衡好数据安全和高效使用之间的矛盾。数据资产的价值只有数据被使用才能体现出来，但和其他资产不一样，数据资产很难进行溯源和追踪。因此，在建立信息安全性机制的基础上，分级管理的数据使用权限和难以更改的日志机制也是数据在使用过程中可追溯、可审计的必要举措。

（3）数据分析风险防范。数据本身没有观点和立场，但审计人员在数据使用过程中难免会受到自身专业背景、技术能力和认知水平的影响，人为偏见和个人价值观很容易被嵌入分析过程中。数字化审计扩大了审计范围和内容，让审计专业判断更加复杂，"无意视盲"更容易被放大，并且一些模型和算法还具有"黑匣"的特点，其结果不具有可解释性。在数字化审计实施过程中需要建立数据应用的基本规范和评估标准，构建核验机制，防范审计风险。

（七）持续迭代优化系统功能的平台

共享养老大数据审计平台首先是大数据时代的数字审计工作平台，它要被审计人员高频使用，具有高度的可视性，同时，根据业务系统开发上线的新功能、新台账相关数据快速导入平台，快速定制查询模板，开放查询权限，供审计人员查询下载各类业务数据，对管理的变化、数字化转型的进程要不断地完善和修正。审计部门可以同步采购一些成熟的数据挖掘工具（如SPSS）、社会网络分析工具，通过厂家培训和师徒式现场带教等以点带面，有序分层（在线辅助系统、数据分析沙箱、挖掘工具和脚本三级分层）的方式，引导审计人员综合运用 SQL、SPSS、Excel 等各类工具和自身审计经验对被审单位的经营业绩、业务风险、配置全部资源进行预处理、整合和分析数据，对数据结构和字段信息进行解读、挖掘、分析和应用，做到由"点"到"线"的连接，再到"网"的覆盖，根据"蛛丝马迹"将数据背后隐藏的弊端揪出来，突出传统审计无法做到的对区域性、系统性风险的揭示。审计支持平台就是用"块数据"（"块数据"就是以一个物理空间或行政区域形成的涉及人、事、物的各类数据的总和。人的数据、物的数据，以及人与物、物与物的关系数据，构成了各种活动和事件的数据。块数据不只是"条集合"，更是"条集构"，相当于将各类"条数据"解构、交叉、融合的数据）思维建设的平台，相当于计算机的主板。各个条线或者部门的数据就像可插、可拔的板卡，他们融合并集成到主板上，才能发挥数据资产的真正功效。

（八）审计和纪检的有效融合

与审计相通的纪检领域的方金云团队提出了值得借鉴的百数纲目的分类数据思路。为实证中缩小全样本、相对减少数据残缺的临床式诊断研究办法成为高效可行的继纯粹的理论研究和全样本的实证研究之后的专项领域的小样本研究方法的有益探索。将百数纲目的"问题名称、问题描述、问题特征、适用领域"四个维度的应用扩展到与纪检密切相关的审计，我们也可通过见人、见事、见场景、见财、见物、见关系、见始、见终、见痕迹、见细节的审计数据积累，实现内部审计的成果可以一项多审、一审多果、一果多用。纪检监察和审计都是政府或企事业单位监督体系的重要组成部分，存在很多交叉重合，若审计监督、纪检监察监督实行纪审联动，信息共享，定期交流，互补盲区和空白，合力形成"大监督"体系，在很大程度上会有效提高监督效能，这将大大提高审计的工作效率！

采用大数据、人工智能等新一代信息技术，通过对资金、项目、物资、决策、权力（人）的数据备案、问题建模、问题发现和监督管理，监督权力运行全过程，扫描行权漏洞，发现行权问题，分析问题规律，评估政策风险，是主动监督、精准监督的重要手段。监督是实现企业合规发展、加强廉政建设的关键，需要审计人员从大处着眼、小处着手，找准审计宣传工作的切入点，总结提炼审计在发挥监督职能过程中的经验、做法，取得审计宣传成果。审计部门要坚持实事求是原则，讲好审计故事，传播好审计声音，让更多的人了解审计、理解审计工作。审计工作是服务于企业发展的，因此，审计宣传工作也要更新观念，提升高度、拓宽视野，突出宣传审计的咨询、增值功能。

审计部门要主动做好审计宣传策划，准确把握好宣传时机，立足实效，围绕方法做文章，用实招、使实劲、求实效。打通治理末梢，实现"一处美"到"处处美"；培育文明乡风，乡村治理的关键在"人"；建立长效机制，实现"当前美"到"长远美"。审计部门在其他人眼中往往是内敛、低调、神秘的部门，所以宣传非常有必要，宣传的目的是让更多的人了解审计、理解审计、支持审计工作。宣传形式可以多样化，既要结合热点，宣传查处的反面典型，树立审计威信；也要积极宣传审计工作的正面形象，维护企业正能量和正文化。宣传既要面向管理层，因为审计工作离不开管理层的支持；也要面向被审计单位、部门的各级员工，获得大多数人的理解，使审计理念在企业文化中生根发芽。审计部门（沟通）宣传作为审计工作的重要内容和延伸，是审计工作联系群众、服务企业的桥梁和纽带，是优化审计执法环境的重要环节。要做好审计宣传工作，必须紧紧围绕监督和服务这两个中心。

常规事项的询问和涉及敏感事项的询问坚持依法依规、平等互信、求同存异原则。在多种审计方法中，审计沟通是贯穿整个审计过程的基础而有效的方法。审计工作的沟通流程通过进场会、退场会的"沟通会"的首尾衔接形成闭环，进场会中审计人员可以让被审计单位了解做好配合的审计目的与基本要求。撰写审计方案的基础是清楚被审单位的机构设置、部门职能划分、主要经济管理活动和风险所在，可通过约谈、询问、查阅资料等方式进行；对审计出现的情况或问题进行必要的询问，注意态度对审计工作的质量与效率的直接影响，将查明事实真相的审计风险尽可能控制在最低限度；具体沟通可采取电话、座谈、会议等形式，就审计发现存在问题的类型、性质、原因、审计建议做"澄清"交流，征求反馈意见；审计报告完成后向管理层进行"审计汇报"，审计人员应根据审计报告、决定、建议执行等情况尤其是了解对方执行审计决定或审计建议过程中面临的困难，为不断改进审计工作和提升审计质量奠定基础；沟通媒介包括用于总体情况、资料准备等常规性问题询问，从而达到去伪求真、达成共识的双向直接的口头沟通（证据效力不高）；通常包括审计通知书、审计资料索要清单、审计报告沟通稿、审计处罚通知书、审计类询证函；用于项目组内成员讨论、与审计对象的业务沟通、资料的索取等方面的电子沟通（电子邮件、QQ、微信、钉钉、企业微信等）。审计闭环工作的沟通效果体现在审计准备阶段要了解被审计单位的情况和设计审计方案，审计实施阶段需要通过进场会让被审计单位了解审计目的与配合审计工作，审计报告阶段需要向报告的使用者汇报情况和推动审计发现的整改。

参 考 文 献

[1] 颜元柳. 大数据对银行内审的影响 [J]. 中国金融, 2016, 841 (19): 90.

[2] 刘国城, 王会金. 大数据审计平台构建研究 [J]. 审计研究, 2017, 200 (6): 36-41.

[3] 郭子程. 会计师事务所信息化审计共享中心构建研究 [D]. 杭州: 浙江财经大学, 2022.

[4] 曲京山, 王一朦, 刘菲菲. 大数据时代注册会计师审计风险问题探究 [J]. 会计师, 2021, 375 (24): 75-76.

[5] 梁绮静, 张丽. 大数据发展对注册会计师审计的影响研究 [J]. 中国中小企业, 2022, 316 (3): 98-99.

[6] 杨珊. 大数据背景下注册会计师审计取证模式研究 [J]. 环渤海经济瞭望, 2022, 330 (3): 159-161.

[7] 汪轶民, 曾琦. 注册会计师信息化专业能力建设研究 [J]. 中国注册会计师, 2022, 274 (3): 70-72.

[8] 张馨月. 存贷双高企业财务舞弊审计问题研究 [D]. 哈尔滨: 哈尔滨商业大学, 2022.

[9] 王晓祯. 企业数字化对审计质量的影响研究 [D]. 济南: 山东财经大学, 2022.

[10] 张日富. 大数据环境下电子商务企业审计风险的识别与防范研究 [D]. 贵阳: 贵州财经大学, 2022.

[11] 殷雪松, 朱琦. 注册会计师传统审计向大数据审计转型的思考 [J]. 财务管理研究, 2022, 36 (9): 99-103.

[12] 贺楷民. 大数据背景下注册会计师的执业机遇分析 [J]. 中国市

场，2022，1119（20）：161-163.

[13] 李学农. 大数据在注册会计师审计中的应用探讨 [N]. 财会信报，2022-06-27（007）.

[14] 梁丽君. 大数据环境下注册会计师财务报表审计问题及风险 [J]. 中国管理信息化，2022，25（12）：97-99.

[15] 蒋文琴. 大数据环境下农业上市公司财务舞弊审计模式优化研究 [D]. 蚌埠：安徽财经大学，2022.

[16] 乔思齐. 大数据时代背景下的注册会计师审计风险识别及防范措施探析 [J]. 商讯，2022，276（14）：49-52.

[17] 中国银联. 响应"一网通办"号召 中国银联积极助力数字政府建设 [J]. 中国行政管理，2022，446（8）：161.

[18] 王大众. 逐步实现全国档案信息共享利用"一网通办"——全国档案查询利用服务平台正式上线 [J]. 中国档案，2022，586（8）：14-15.

[19] 本刊评论员. 在"一网通办"中提升行业服务水平 [J]. 中国档案，2022，586（8）：1.

[20] 姚远. 双网"智"理："一网通办"和"一网统管"的比较研究 [J]. 情报探索，2022，98（8）：100-106.

[21] 蔡琬彬. 网上办 马上办 一次办 "一网通办"平台为民服务"更近一步"[J]. 民心，2022，185（7）：40.

[22] 陈毅，刘鼎申，徐长思. 以用户为中心：政务服务"一网通办"改革的四维要素分析——以上海市为例 [J]. 中共天津市委党校学报，2022，24（4）：53-63.

[23] 民生档案查档"一网通办"研究课题组. 民生档案查档"一网通办"业务流程与平台研究 [J]. 陕西档案，2022（3）：10.

[24] 于英香，姚倩雯. 基于用户画像的企业科技行政审批档案知识服务模型构建 [J]. 档案学研究，2022，186（3）：52-59.

[25] 内蒙古：推进政府采购行政裁决"一网通办" [J]. 中国政府采购，2022（6）：6+8.

[26] 本刊讯. 国家政务服务平台上线3年"一网通办"助力数字政府建设 [J]. 商业文化，2022，541（16）：4.

［27］用党建提升"一网通办"软实力［J］. 理论导报，2022，413（5）：46.

［28］李瑞芳，葛步月. 不动产"一网通办"便民服务平台建设研究［J］. 测绘与空间地理信息，2022，45（5）：95－97＋102.

［29］徐丽娜，杨杰，孙连荣. 后疫情时代档案服务策略研究［J］. 兰台世界，2022，595（5）：34－37.

［30］本刊通讯员. 深化"放管服"改革，不断提升科技厅"一网通办"能力［J］. 内江科技，2022，43（4）：4.

［31］民生档案查档"一网通办"研究课题组. 民生档案查档"一网通办"业务流程与平台研究［J］. 四川档案，2022，226（2）：32－34.

［32］一网通办 一键直达 南京房产局探索建立"房帮宁"一体化服务体系［J］. 城乡建设，2022，635（8）：79.

［33］温蓉玉，聂云霞，徐芯滢. 区域"一网通办"下档案线上服务优化路径探析［J］. 北京档案，2022，376（4）：5－9.

［34］聊城高新区探索"一网统管"城市运行管理新模式［J］. 未来城市设计与运营，2022，9（9）：4.

［35］徐连明. 超大城市数字化治理的协同障碍与发展路径研究——以上海市"一网统管"为例［J］. 华东师范大学学报（哲学社会科学版），2022，54（5）：133－144＋191.

［36］刘鼎申."两网"共治：合力提升城市治理现代化水平［J］. 党政论坛，2022，440（5）：41－44.

［37］赵国宸，曹海荣，王志明."智慧包头"：建设城市治理新体系［J］. 中国建设信息化，2022，166（15）：26－27.

［38］姚远. 双网"智"理："一网通办"和"一网统管"的比较研究［J］. 情报探索，2022，298（8）：100－106.

［39］李汉卿，孟子龙. 城市数字治理的生成及其风险防控：以上海市M区"一网统管"为例［J］. 当代经济管理，2022，44（9）：72－79.

［40］王英伟. 政府治理数字化转型对城市空间的塑造逻辑［J］. 城市发展研究，2022，29（6）：85－91.

［41］胡小明. 智慧城市要稳步前行［J］. 智能建筑与智慧城市，2022，

307 (6)：26 - 29.

[42] 王晓晨 . "一网统管"赋能城市治理数字化转型 [J]. 上海人大月刊，2022，382 (6)：8 - 9.

[43] 陈升，高芳琴，黄士力 . 城市治理中防汛防台风指挥系统升级建设经验及启示 [J]. 中国防汛抗旱，2022，32 (6)：67 - 70.

[44] 刘建兴 . 山东省龙口市构建中小城市"幸福网格"治理体系 [J]. 党建研究，2022，400 (6)：63.

[45] 殷鹏，王咏 . 城市数字化转型路径探索——以"全周期管理"为视角 [J]. 中国电信业，2022，257 (5)：74 - 77.

[46] 袁野 . 智治阶段下新时期网格化管理模式 [J]. 中国安防，2022，194 (5)：64 - 69.

[47] 住房和城乡建设部：全面加快建设城市运行管理服务平台 [J]. 智能建筑与智慧城市，2022，305 (4)：4.

[48] 住房和城乡建设部提议：推动城市运行管理"一网统管" [J]. 重庆建筑，2022，21 (4)：47.

[49] 吴江寿，程子韬，吴强华，等 . 五级协同的城市网格化管理关键技术研究及应用示范 [J]. 建设技术，2022，448 (7)：118 - 120 + 128.

[50] 本刊编辑部 . 三级平台联动"一网统管"城市运行　住房和城乡建设部印发《关于全面加快建设城市运行管理服务平台的通知》 [J]. 工程建设标准化，2022，281 (4)：18.

[51] 重庆市江北区：依托城市运行管理服务平台　提升城市治理智能化水平取得新成效 [J]. 城乡建设，2022，634 (7)：53 - 56.

[52] 济宁市：创新体制机制"一网统管"取得阶段性成效 [J]. 城乡建设，2022，634 (7)：64 - 66.

[53] 李昕伟，姚晓林，王皓 . 人工智能时代下辽宁省数字经济高质量发展的建议与对策 [J]. 中国集体经济，2022，721 (29)：50 - 52.

[54] 吴静，韩雪峰，王成志 . 加快辽宁数字经济高质量发展的对策建议 [J]. 商业经济，2022，555 (11)：21 - 23 + 37.

[55] 韩雪峰，王晓雨，徐宁，等 . 促进辽宁省数字经济发展研究 [J]. 现代商业，2022，652 (27)：159 - 162.

[56] 袁峰，秦照良．沈阳市数字经济发展现状及其对策研究 [J]．商业经济，2022，554 (10)：35 –37．

[57] 杜庆昊．RCEP 背景下辽宁与日韩数字经济合作路径 [J]．辽宁经济，2022，454 (7)：4 –7．

[58] 刘晓菲．数字经济创新发展有效途径与研究对策——以丹东市为例 [J]．中国乡镇企业会计，2022，(7)：187 –189．

[59] 白宇卓，赵红娟．RCEP 背景下辽宁与日本经贸合作的机遇与挑战 [J]．北方经贸，2022，452 (7)：28 –30．

[60] 孙少仿．辽宁企业数字化转型的问题及对策研究——以鞍钢为例 [J]．现代营销（下旬刊），2022，774 (6)：101 –103．

[61] 聂昌腾，张帆．中国数字经济发展的区域差异及驱动因素——基于空间面板模型的实证分析 [J]．技术经济与管理研究，2022，309 (4)：105 –110．

[62] 刘英恒太，杨丽娜，刘凤．我国数字经济发展的结构分解、经济联系与产业融合 [J]．统计与决策，2022，38 (6)：114 –118．

[63] 孙博研，马彤兵，李奕潼，等．辽宁制造业数字化转型面临的挑战与实施策略研究 [J]．全国流通经济，2022，2306 (2)：134 –136．

[64] 秦缘，周鲜华．辽宁省数字经济发展影响因素及策略研究 [J]．中国管理信息化，2021，24 (24)：99 –101．

[65] 滕菲．数字经济支撑辽宁经济高质量发展的路径研究 [J]．辽宁省社会主义学院学报，2021，88 (3)：87 –90．

[66] 马越，李宏畅．数字经济的发展趋势与推动政策研究——以辽宁省为例 [J]．行政事业资产与财务，2021，(14)：54 –55．

[67] 王兴国．"互联网＋农业"推动辽宁农村数字经济发展对策研究 [J]．智慧农业导刊，2021，1 (3)：99 –101．

[68] 张晟，张玉蓉．元宇宙视域下文化旅游数字化传播探索 [J]．新闻爱好者，2022，537 (9)：60 –62．

[69] 林一．文旅融合中的艺术管理学科发展 [J]．艺术管理（中英文），2022，15 (3)：39 –42．

[70] 张佳慧，唐晓丹．吉林省旅游产业与数字经济对接的推进路径研

究 [J]. 商场现代化, 2022, 973 (16): 123 - 125.

[71] 田立法, 张妍彬, 赵娅娅. 农村数字文化赋能农业发展的商业模式研究 [J]. 农业考古, 2022, 182 (4): 260 - 265.

[72] 王昭. 体验经济视域下数字沉浸文旅的创新性发展 [J]. 江西社会科学, 2022, 42 (8): 190 - 197.

[73] 张建涛, 张琰. 数字经济助推沈阳市文旅融合发展策略研究 [J]. 江苏商论, 2022, 455 (9): 62 - 63 + 70.

[74] 曹明. 数字赋能杭州大运河文旅资源建设研究 [J]. 大庆社会科学, 2022, 233 (4): 108 - 111.

[75] 张强. 疫情防控常态化背景下文旅产业的数字化转型 [J]. 唯实, 2022, 437 (8): 57 - 60.

[76] 许凌云. 衡阳文旅产业与数字经济融合发展现状与对策的研究 [J]. 湖北开放职业学院学报, 2022, 35 (15): 111 - 113.

[77] 叶紫青, 刘怡君, 王鹏飞. 大数据促进旅游业高质量发展的作用机制与政策建议 [J]. 企业经济, 2022, 41 (8): 132 - 141.

[78] 袁为民, 崔进, 石鑫鹏. 应急广播在有线数字电视系统中的应用研究 [J]. 广播与电视技术, 2022, 49 (7): 26 - 33.

[79] 张军红. 要最大化体现数字经济发展红利 访中国科学院大学应急管理科学与工程学院院长李颖 [J]. 经济, 2022, 341 (6): 93 - 95.

[80] 周丹雅, 吕叶金. 数字安防与应急管理协同并进构建价值共同体 [J]. 中国安防, 2022, 195 (6): 69 - 75.

[81] 萧文龙, Keng Siau, 于媛, 等. "数字经济时代信息技术在应急管理中的理论与实践" 专刊前言 [J]. 信息资源管理学报, 2022, 12 (3): 4 - 6.

[82] 袁韶华, 左晓宝, 施松. 数字经济时代城市应急管理事件的防范与应对 [J]. 城市与减灾, 2022, 144 (3): 7 - 12.

[83] 郁建兴, 陈韶晖. 从技术赋能到系统重塑: 数字时代的应急管理体制机制创新 [J]. 浙江社会科学, 2022, 309 (5): 66 - 75 + 157.

[84] 张省, 魏慧敏. 基于人工智能的突发公共卫生事件数字化应急管理系统构建研究 [J]. 经济界, 2022, 159 (3): 73 - 81.

[85] 彭云卿, 刘燕强. 数字同频同播技术在白沟河 (高碑店段) 应急

通信中的应用 [J]. 河北水利, 2022, 326 (4): 46.

[86] 王久平. 浙江篇评议栏数字撬动变革 区域协同应急 [J]. 中国应急管理, 2022, 183 (3): 14 – 15.

[87] 周梅香. 溧阳市级应急广播系统建设与应用 [J]. 广播电视网络, 2022, 29 (3): 33 – 35.

[88] 王萍. 数字微波通信在应急通信中的有效应用 [J]. 数字通信世界, 2022, 207 (3): 106 – 108.

[89] 魏岳江, 丁莉莎. 新媒体等数字科技在应急处置突发公共卫生事件中的运用 [J]. 生命与灾害, 2022, 272 (1): 4 – 5.

[90] 杨方. 应急广播在有线电视网络中的应用 [J]. 电子技术, 2021, 50 (12): 182 – 183.

[91] 杨晓伟. 数字微波通信的优点及其在应急通信中的应用 [J]. 长江信息通信, 2021, 34 (12): 192 – 194.

[92] 王志秋. 应急管理理论体系构建探析 [J]. 中国应急救援, 2021, 90 (6): 4 – 9.

[93] 肖红军, 商慧辰. 数字企业社会责任: 现状、问题与对策 [J]. 产业经济评论, 2022, 53 (6): 133 – 152.

[94] 孙世凯, 李砚忠. 乡村治安治理数字化问题与对策研究 [J]. 农业与技术, 2022, 42 (19): 169 – 171.

[95] 徐艳晴, 郭娜, 毛子骏, 等. 政策引导基层政务服务数字化变革研究——以海口市龙华区政务服务中心为例 [J]. 公共管理学报, 2022, 19 (4): 150 – 165 + 176.

[96] 杨帆, 岳雷. 基于数字传播理论的政务微信用户互动效果实证研究 [J]. 重庆社会科学, 2022, 334 (9): 140 – 151.

[97] 王维佳, 何彦晖. "数字中国"背景下的政务传播体系: 模式、效果与问题 [J]. 编辑之友, 2022, 314 (10): 39 – 44 + 105.

[98] 肖宇慧, 李宜忠. 从曲线合作到战略伙伴——智慧政务推进中的数字化转型路径选择 [J]. 农银学刊, 2022, 47 (4): 53 – 56.

[99] 郭高晶, 胡广伟. 我国数字政府建设绩效的影响因素与生成路径——基于 31 省案例的模糊集定性比较分析 [J]. 重庆社会科学, 2022, 328

（3）：41 – 55.

[100] 廖福崇. 基于"制度 – 行为"框架的数字治理能力生成模式研究 [J]. 湖湘论坛，2022，35（2）：78 – 93.

[101] 苗亚辉，许新峰，林伟华. 区块链背景下的数字政务 [J]. 中国安防，2022，191（Z1）：83 – 88.

[102] 吴琦，任大明，杨敏婕. 常态化疫情防控下我国数字政府建设进展及展望 [J]. 中国国情国力，2021，347（12）：24 – 28.

[103] 郭克强，程锋. 深层次推进政务数字化 高质量打造数字化政府 [J]. 通信企业管理，2020，394（2）：21 – 23.

[104] 米加宁，章昌平，李大宇，等. "数字空间"政府及其研究纲领——第四次工业革命引致的政府形态变革 [J]. 公共管理学报，2020，17（1）：1 – 17 + 168.

[105] 刘德水. 县（市）级电子政务实施方法——"数字武夷"电子政务建设案例分析 [J]. 中国信息界，2006，（15）：24 – 26.

[106] 赵芫源，李若菡，朱岚昕. 老龄化背景下时间银行养老模式机制设计研究 [J]. 中国市场，2020（5）：21 – 22.

[107] 刘昊，李佳珉，刘伟. "时间银行"在社区服务中运行方式的研究 [J]. 全国商情（理论研究），2014（7）：81.

[108] 施旦旦. "一寸金"时间银行——探讨一种新型大学生志愿互助模式 [J]. 现代妇女（下旬），2013（9）：10 – 11.

[109] 丁艳琳. 国外互助养老模式对我国养老困境的启发 [J]. 经济研究导刊，2018（28）：42 – 43.

[110] 袁志刚，陈功，高和荣，等. 时间银行：新型互助养老何以可能与何以可为 [J]. 探索与争鸣，2019（8）：4 – 36 + 197.

[111] 赵芫源，李若菡，朱岚昕. 老龄化背景下时间银行养老模式机制设计研究 [J]. 中国市场，2020（15）：10 – 12 + 59.

[112] 侯孟营. 国内外"时间银行"发展的经验启示——以天津市为例 [J]. 现代商业，2020（8）：28 – 29.

[113] 高欣宜. 探索时间银行结合PPP及互联网 + 嵌入社区居家养老新模式——以南京市时间银行促养老互助服务为例 [J]. 营销界，2019（42）：

190 – 191.

[114] 郑楚仪 . 长春市"时间银行"互助养老方式低龄老人参与意愿性研究 [J] . 现代交际，2019（16）：48 – 49.

[115] 李海舰，李文杰，李然 . 中国未来养老模式 A 研究——基于时间银行的拓展路径 [J] . 管理世界，2020，36（3）：76 – 90.

[116] 吴雅琴，魏秀 . 共享经济模式下智慧型城市社区养老协作治理机制研究——以辽宁省为例 [J] . 铜陵学院学报，2022（1）：8 – 12.

[117] 韩淑娟，谭克俭 . 政府的责任边界与养老服务业的突围路径 [J] . 东岳论丛，2017，38（8）：27 – 31.

[118] 张歌 . 居家养老服务资金渠道及作用机制的经济学分析 [J] . 统计与决策，2017，（13）：63 – 66.

[119] 杨立雄 . 中国老龄服务产业发展研究 [J] . 新疆师范大学学报（哲学社会科学版），2017，38（2）：69 – 76 + 2.

[120] 孙敬华 . 我国长期护理保险制度试点：现状、问题及对策——以青岛市为例 [J] . 山东行政学院学报，2020（2）：81 – 87.

[121] 县人社局：巧用村村通应急广播平台宣传城乡居民养老保险政策 [EB/OL] . [2020 – 03 – 09] . https：//mp. weixin. qq. com/s? __biz = MzI0NDA 5NTMwNg = = &mid = 2670890023&idx = 3&sn = 3f033c22d653ab8449d97a13b1a 5038d&chksm = f3a52c02c4d2a5142eb46636703fa109c1f8246d74942c1e428c87bc d4e852b6fcc63a8b2119&scene = 27.

[122] 辽宁省人力资源与社会保障厅 . 2019 年辽宁省社会保险相关数据 [EB/OL] . （2020 – 04 – 16）[2020 – 10 – 08] . http：//rst. In. gov. cn/zfxx/zdly/ 202004/t20200416_3831515. html.